青少年棒球训练指南

中国棒球协会 编

人民体育出版社

图书在版编目（CIP）数据

　　青少年棒球训练指南 / 中国棒球协会编. -- 北京：人民体育出版社, 2020 (2025.11重印)
　　ISBN 978-7-5009-5724-9

　　Ⅰ.①青… Ⅱ.①中… Ⅲ.①青少年—棒球运动—运动训练—指南 Ⅳ.①G848.12-62

　　中国版本图书馆CIP数据核字(2019)第279955号

青少年棒球训练指南

中国棒球协会　编
出版发行：人民体育出版社
印　　装：三河市兴达印务有限公司

开　本：710×1000　16开本		印　张：12.25		字　数：180千字
版　次：2020年6月第1版		印　次：2025年11月第4次印刷		

书　号：ISBN 978-7-5009-5724-9
印　数：6,001—7,500册
定　价：65.00元

版权所有·侵权必究
购买本社图书，如遇有缺损页可与发行与市场营销部联系
联系电话：（010）67151482
社　　址：北京市东城区体育馆路8号（100061）
网　　址：https://books.sports.cn/

中国棒球的发展之路

现代棒球起源于英国、发展于美国，是一项集体性、对抗性很强的球类运动项目，也是集智慧、技能、体能于一体的竞技项目。参与者既强调个人智慧和技能，又讲究战略战术。成员之间分工明确，责任清晰，主动配合，相互帮助。棒球运动既需要关键时刻挺身而出的个人英雄主义，又需要团结合作、为集体荣誉牺牲个人利益的团队精神。这项体育运动无论在青少年的成长培养还是在国民素质教育中都能起到很重要的作用，因此棒球运动非常适合在国民中广泛开展。棒球被美国、日本等国奉为国球。目前，全世界有120多个国家和地区开展棒球运动。

中国人最早打棒球的记载，是近代著名铁路工程师詹天佑在美国耶鲁大学留学时（1877—1881年）参加的"中华棒球队"，其后从美国、日本归国的华侨及留学生把棒球运动带回了祖国。从1895年北京汇文书院成立棒球队算起，中国棒球运动的发展历程已逾百年，期间历经曲折。在一代又一代棒球人的艰苦努力下，中国棒球运动从零开始，逐步发展。1913年开始的"远东运动会"设立了棒球比赛，中国曾多次派代表队参加。旧中国的全国运动会也有棒球比赛，参加者多为学生。抗日战争期间，八路军在陕北、晋察冀等抗日根据地曾开展棒球运动。新中国成立后的1952年，中国人民解放军第一届全军运动会设有棒球项目。1959年第一届全运会上，棒球被列为正式比赛项目，有23个省市队参加。"文革"期间，棒球项目的发展中断，直到1975年第三届全运会恢复。1979年中国棒垒球协会成立，1981年加入国际棒联，1986年单独设立中国棒球协会，2002年推出中国棒球联赛。北京2008年奥运会，中国棒球队获得第八名的历史最高成绩。2014年国务院出台《关于加快发展体育产业 促进体育消费的若干意见》（国发〔2014〕46号），重点推动体育产业发展。2015年中国棒球协会被国家发改委列为体育产业试点单位，协会因此拟定了《中国棒球产业中长期发展规划2016—2025（征求意见稿）》，并推动了广东中山国际棒球小镇的发展建设。2016年8月，国际奥委会宣布棒球回归东京奥运会，给中国棒球运动注入生机。2016年底召开的全国体育局长会议上，深化体育改革的号角吹响。2017年4月，国家体育总局召开球类集体项目座谈会，按照国家体育总局的部署，棒球项目启动了"与狼共舞"计划以及单项体育协会改革。中国棒球协会被列入改革试点项目协会，成为首批实体化运动协会。同时，中国棒球队赴美加入美国得克萨斯州航空俱乐部，参加美国独立联盟职业联赛。2019年中国棒球协会实施"棒球振兴发展计划"，实施联赛职业化改革，首次推出中国棒球职业联赛。中国棒球队继续赴美"与狼共舞"，并在第29届亚洲锦标赛上两次战胜韩国，获得铜牌。

中国棒球的发展，历经几次创业，特别是改革开放之后，1982年国家体委召开第一次全国棒球训练工作会议，逐步建立了儿童、少年、青年、成年"一条龙"训练体制的发展规划，在很短时间内取得了显著的成绩。中国少棒队自1986年起连续夺得世界少年软式棒球比赛的前三名。1991年全国第三次棒球工作会议制定的"巩固少儿棒基础、重点抓青棒、以青棒促成棒"的工作方针使棒球得到了持续发展和巩固。1996年第四次全国棒球工作会议制定了"一手抓职棒，一手抓棒球训练体制的改进、巩固和发展"的方针，指出了今后中国棒球运动的发展方向，同时首次提出"发展职棒"这一理念。经过几年的筹备，2002年中国棒球联赛正式开打，虽然当时仅有4支球队，但它标志着中国棒球运动开始向市场化迈进。与此同时，我国棒球运动的发展已形成了专业和业余两条主线，形成了固定的年度赛制，中国棒球运动正稳步向前发展。2005年以来，中国队在世界大赛上多次战胜中国台北和韩国等世界强队，实力的提升有目共睹。2008年奥运会后，棒球项目离开奥运会，大批的省市专业运动员离开一线，退役后转到基层，进而推动了基层青少年棒球的普及和发展，青少年参赛队伍保持了稳中有增的态势，中国棒球在沉寂中积蓄力量。中国棒球协会一手抓项目的龙头即国家队的提高，一手抓青训和青少年普及工作。2017年协会进行了青少年赛事体系的搭建，初步建立了U10、U12、U15、U18赛事梯次，软式组和硬式组以及MINI棒球多点开花。2018年6月，中国棒球协会和天津体育学院共建青训中心。2019年3月协会制定了"棒球振兴发展计划"，提出了"常抓青训、长期备战"的思路，并得到了国家体育总局的支持。2019年5月召开的全国青少年棒球发展工作会议，进一步部署落实青训工作。

习近平总书记讲："体育承载着国家强盛、民族振兴的梦想。体育强则中国强，国运兴则体育兴。"《体育强国建设纲要》已经出台，运动项目的发展，国家队是龙头，高水平竞赛和青少年普及是两翼。我们的青少年棒球水平目前与世界先进水平相比差距较大，根基不牢，这是我们的短板。"少年强则中国强"，我们要提高棒球项目水平，必须按照总书记提出的"世界眼光、国际标准、中国特色、高点定位"的要求，以目标导向、问题导向为指引，"恶补短板""加快发展"，让棒球项目为体育强国作出贡献。党的十九届四中全会精神指出，社会主义体制优势就是集中力量办大事，全国一盘棋，我们就是要一切以选拔培养人才为目标，集中优势提高国家棒球竞技水平，调动全社会力量培养青少年棒球优秀后备人才。我们将继续加大对青少年棒球推广普及工作的投入，建立以珠三角（大湾区）（U12）、长三角（U15）和京津冀（U18）为中心的青少年区域竞赛体系和青少年培训体系，促进U系列青少年国家队尽快提高水平，实现国内和国际深度融合发展，未来向奥运会资格发起冲击。这本《青少年棒球训练指南》就是在这样一个社会大背景、体育大背景的基础上，经过棒球界老中青三代人两年多的辛苦编写、校对、绘图、拍摄，尔后又经过人民体育出版社专家的审核编辑，终于与广大青少年棒球爱好者见面。中国棒球协会从来没有出版过官方的训练指南，这是一个从无到有的过程，是一次突破和尝试。在此，中国棒球协会向为本书出版作出努力的编委会成员以及北京芦城体育运动技术学校、天津体育学院、广州体育学院和关心支持中国棒球发展的朋友们表示感谢。

目前中国棒球水平在逐步提升，棒球市场在逐渐扩大，棒球迷越来越多。只要选对发展策略，解决好制约发展瓶颈的要素，就可以使中国棒球获得飞跃性的发展。只要道路对了，就不怕遥远。久久为功，中国棒球的明天会更好。

本书编写中如有不当之处，敬请批评指正。

中国棒球协会
2019年12月

编　委　会

编委会名誉主任

陈　旭（中国棒球协会主席）

编委会主任

宋平山（中国棒球协会教练委员会主任，国家级教练）

副主任

张　健（中国棒球协会青少年发展委员会主任，天津体育学院小球教研室，副教授）

陈小敏（广州体育学院棒垒球教研室，副教授）

成　员（排名不分先后）

陈　哲（北京市芦城体育运动技术学校，中级教练）

李　伟（北京市芦城体育运动技术学校，医研科长，国家队队医）

李　星（天津体育学院，助理研究员）

郭玉石（天津中医药大学，讲师，国际级棒球裁判员）

彭　涛（山东商业职业技术学院，讲师，中国棒球协会技术委员会执行委员，济南市棒垒球协会会长）

王祥茂（广州体育学院，副教授）

陈　文（广州体育学院，讲师）

青少年棒球训练指南编写说明

一、制定《指南》的依据

依据国家体育总局手曲棒垒球运动管理中心关于组织编写《青少年棒球训练指南》的通知制定本训练指南。

二、制定《指南》的目的、任务

根据棒球发展规划和要求,青少年训练教学目标是:不断强化运动员的体能;完善基本技术和位置技术;形成专业的战术体系;加强比赛作风和心理素质的培养。为此,应用现代棒球运动理论与概念,结合棒球技战术风格和特点,培养全面而又有特长的优秀运动员,在技术、战术、心理、体能、智力等方面全面发展,提升竞技能力和综合素质水平。

三、撰写《指南》的基本原则

《青少年棒球训练指南》面向普及型人群,特别是青少年在校学生,定位于基础教学,强调基本技术规范,培养基本战术意识,以培育合格的后备人才为目标,强调品学兼优。在评价体系方面,结合棒球项目的技术特点,考核标准要适当考虑地区差异。

目 录

第一章　棒球运动的概述 ·· 1

　　第一节　棒球运动的起源、发展和现状 ······························ 2
　　第二节　棒球运动场地的规格 ··· 3
　　第三节　青少年从事棒球运动的好处 ································ 7

第二章　青少年棒球运动的基本训练原则、目标、内容和要求 ········ 11

　　第一节　基本训练原则 ·· 12
　　第二节　基本训练目标 ·· 15
　　第三节　基本训练内容及要求 ·· 19

第三章　热身运动及整理活动 ·· 29

　　第一节　准备活动 ·· 30
　　第二节　热身游戏练习方法示例 ····································· 35
　　第三节　整理活动 ·· 37

第四章　棒球技术解析 ·· 39

　　第一节　投手投球动作的规范 ·· 40
　　第二节　防守基本技术 ·· 49
　　第三节　各位置的防守 ·· 63
　　第四节　进攻技术 ·· 87

第五章　棒球战术 ·· 103

　　第一节　进攻的基本战术分类 ·· 104
　　第二节　防守的基本战术分类 ·· 104
　　第三节　进攻战术的运用方法及种类 ······························· 105
　　第四节　棒球战术综合示例 ·· 106

第六章　青少年棒球运动员的选材 ·············· 147

第一节　青少年选材的基本要求 ·············· 148
第二节　选材计划内容及评价标准 ·············· 149

第七章　棒球运动中常见的运动损伤及预防措施 ·············· 157

第一节　常见的运动损伤 ·············· 158
第二节　青少年骨骼的发育特点 ·············· 165
第三节　运动损伤的预防 ·············· 167
第四节　伤后的康复训练 ·············· 171

第八章　棒球比赛的基本方法和比赛规则介绍 ·············· 175

第一节　棒球比赛的基本方法 ·············· 176
第二节　棒球比赛规则 ·············· 176
附：青少年训练方法及示例 ·············· 177

第一章 棒球运动的概述

第一节 棒球运动的起源、发展和现状

一、起源

棒球是一项集智力、体能、技巧及品德于一体的球类竞技运动项目，棒球的前身是英国的板球，传到美国后发展为现在的棒球，距今已有一百七十多年的历史。

二、发展

1986年，国际奥林匹克委员会决定自1992年第25届奥运会起，将棒球列为正式比赛项目。如今，已经具有一百七十多年历史的棒球运动不但历久不衰，而且在继续扩大着影响力。

1845年以后，棒球运动在美国发展迅速。到19世纪七八十年代，在美国出现了职业棒球组织，即全国联盟（National League）和全美联盟（American League）。

随着棒球运动在美国的迅速普及，时任美国总统塔夫（President Taft）签署了将棒球运动定位为"国球"的法令。现在，美国两大职业棒球组织拥有100多支棒球队，其中大联盟30支，每年都要进行162场以上的棒球比赛，每场比赛都能吸引到足够多的观众，盛况空前。此外，在美国，不论是大学、中学还是小学都有自己的棒球队。随着美国国力的增强，棒球运动发展到了世界各地。棒球运动在亚洲的日本、韩国、中国、菲律宾等国家也得到了相当程度的普及，其中棒球在日本的发展速度最快。

棒球运动在中国的发展也有百年历史。1949年以后，棒球运动曾经被广泛开展，特别是在第一届全运会时达到了普及度的最高峰，有多达23支队伍参加。直到20世纪70年代，棒球运动才被重新重视起来，并得到了迅速发展，在多次棒球国际比赛中我国都取得了优异的成绩，这也标志着我国棒球运动国际地位的逐步提高。

三、现状

目前，棒球已成为世界性体育竞赛项目，在世界体坛上具有重大的影响。棒球在经济、文化高度发达的国家开展的普及度非常高，比如，美国和日本把棒球称为国球。在古巴、委内瑞拉、韩国，棒球开展得也很普遍。我国部分地区普及度也很高。目前我国已开始有球员加盟美国的职棒大联盟的比赛。

我国是亚洲棒球联合会和国际棒球联合会的成员，经常参加国际交往，特别是青少年，每年都与国内外保持着频繁的互动。

第二节 棒球运动场地的规格

一、棒球运动的定义

棒球运动是在规定的场地范围内，两队各派出九名队员，在主教练员指挥下，按照规则在一名或一名以上裁判员的裁决下进行比赛的一项体育运动。

二、棒球比赛的目的

比赛的目的是要争取得分多于对方球队，以取得比赛的胜利。

三、棒球比赛胜利的判定方法

在规定的有效比赛局数结束时，裁判员按照本规则判得分较多的一队为胜队。

四、比赛场地

（一）棒球场

棒球场是一个直角扇形区域，直角两边是区分界内地区和界外地区的边线。两边线以内为界内地区；两边线以外为界外地区。界内地区又分为内场和外场。内场呈正方形，四角各设一个垒位，与地面在同一水平面上呈尖角状的垒位是本垒。按照逆时针方向的三个垒位分别为一垒、二垒和三垒。内场以外的地区为外场。棒球的比赛场地必须平整，不得有任何障碍物。

棒球场规格
（参考规则1.04）

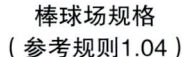

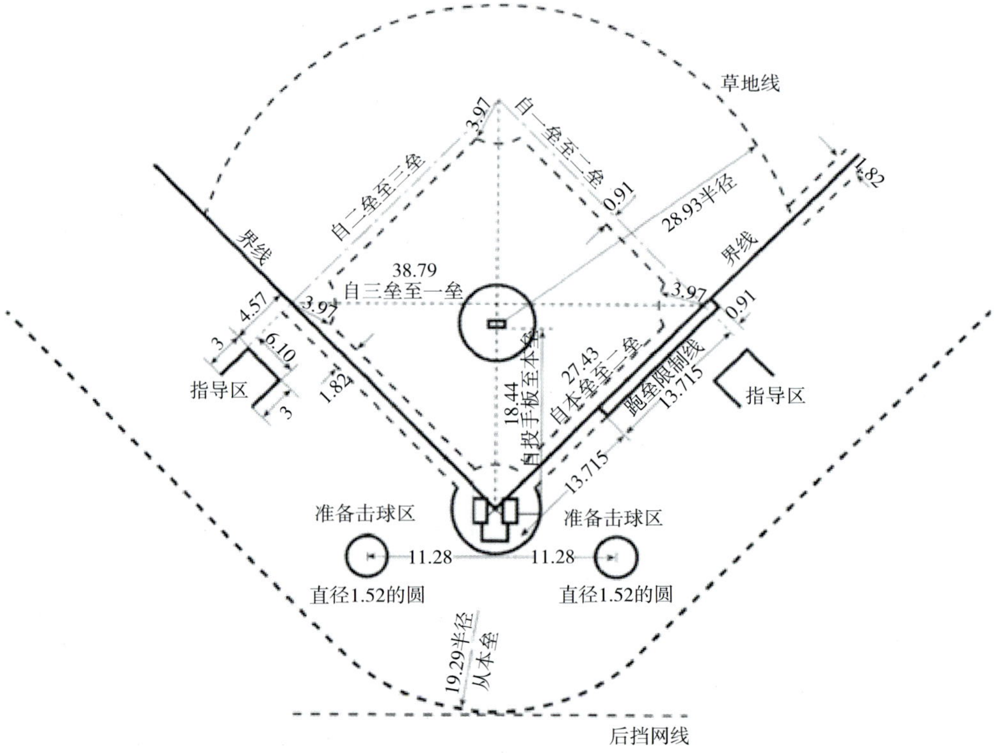

（单位：米）

（二）场地大小

内场各垒间的距离为27.43米。投手板的前沿中心至本垒板尖角的距离为18.44米。本垒后面和两边线以外不少于18.29米的范围内为界外的比赛有效区。从本垒至界内地区的围墙、围网、观众席或其他障碍物之间的距离必须在76.20米以上，左右两边线顶端距本垒板尖角的距离应不少于97.54米。本垒经二垒伸向中外场围墙或围网的距离应不少于121.92米。

（三）场地划分

应先确定好击球方向和本垒位置（即场地纵轴中心线）。为避免阳光直射眼睛影响比赛，本垒最好位于场地的西南偏西的位置。然后需要在本垒尖角处钉一小木桩，在桩上系一长绳尺（至少长54.86米），并在18.44米、27.43米、38.79米及54.86米处各打一结（记号），把绳尺拉向东北偏东的地面确定场地纵轴中心线后，首先在18.44米处钉上一小木桩，该处就是投手板的前沿中心。然后在38.79米处再钉一小木桩，这就是二垒的中心点。接着再把54.86米长的一端绳结系在二垒的木桩上，另一端系在本垒的木桩上，同时手执27.43米处的绳结，向右拉直，在27.43米的绳结处钉一小木桩，这就是一垒的外角，然后依照上述方法向左拉直，这就是三垒的外角。为检查各垒的位置是否合乎规定，可以再把长绳的一端系在一垒的木桩上，以54.86米处系在三垒上，然后再拿27.43米的绳结分别向左、右方向拉直，以此来检查本垒和二垒的位置。

（四）本垒板

用白色橡胶制成，呈五角形。将每边长为43.2厘米的正方形截去两角，得到如下形状的橡胶板：一边长为43.2厘米，相邻两边长为21.6厘米，其余两边长为30.5厘米并形成一尖角，此尖角是一垒边线和三垒边线的交叉点。43.2厘米长的那一边应朝向投手板，30.5厘米长的那两边应与一垒和三垒边线外沿交角叠合。本垒板应固定在地上，板面应与地面齐平。

（五）垒包

一、二、三垒垒包均为38.10厘米见方，厚7.6厘米至12.7厘米的白色帆布包。整个一、三垒垒包都应放在内场，二垒垒包的中心应放在二垒的基准点上。垒包内应装有棕毛等细软物，同时垒包应固定在地上。

垒包钉置的方法：其中比较简单的方法是用十字帆布带和带钩的长钉固定。也可在垒包的正中下面用带钩的长钉（约30厘米）勾好扎牢，并将长钉钉入地下，以便滑垒时垒包不致移动（但可以转动），同时也可避免滑垒受伤。

（六）投手板和投手区

投手板用白色橡胶制成。板长61厘米，宽15厘米。投手板周围应有86.4厘米宽、152厘米长的平台。同时，投手板还应与平台齐平。此外，投手板前的斜坡应为平台前沿起向前1.83米，每向前30.5厘米降低2.54厘米，各球场应力求保持各自斜坡的倾斜度与此一致。

（七）队员席

一垒和三垒两侧各设置一个队员席供主客两队使用。队员席需设置于距边线至少7.62米或18.29米的比赛有效区外侧。队员席上面应安置顶棚，背后和两侧都应是封闭的。

（八）球的材质与要求

棒球是用圆形软木、橡胶或类似物质作为球心，绕以麻线，再以两块白色马皮或牛皮包紧平线密缝而成。棒球球面应保持平滑，重量为141.8克至148.8克，圆周长为22.9厘米至23.5厘米。

软式棒球（软式球）是由橡胶制成的，分A型、B型、C型、D型、H型五种型号，A型是一般的中弹性球，H型是准硬式球，内有填充物弹性较弱于其他型号的球。B型、C型、D型是专供少年使用的中弹性球。

各型号软式球的规格标准如下（弹性的测试是自150厘米的高度向大理石地面自由落下进行测定）：

型号	直径	重量	弹力
A型	71.5~72.5毫米	134.2~137.8克	80.0~100.0厘米
B型	69.5~70.5毫米	133.2~136.8克	80.0~100.0厘米
C型	67.5~68.5毫米	125.7~129.3克	65.0~85.0厘米
D型	64.0~65.0毫米	105.0~110.0克	65.0~85.0厘米
H型	71.5~72.5毫米	140.7~144.3克	50.0~70.0厘米

（九）球棒的规格与要求

球棒呈圆柱形；棒面必须平滑无截面接头；棒长不得超过1.07米，最粗部分直径不得超过7厘米；必须用一根木材制成；凹头球棒的凹部深度必须在2.5厘米以内，宽度不得超过5.1厘米，也不得小于2.5厘米；凹部截面部分必须呈碗状，不得附着其他任何物质；球棒握把位置不得超过自棒端起45.7厘米，为便于握棒，从握把端起45.7厘米的长度内可使用任何材料填充（包括用松脂等），但裁判员认为使用的材料包括松脂超过45.7厘米的限制时，则球棒在比赛时不得使用；未经本协会认可，在比赛中不得使用着色球棒。

（十）服装的规范与要求

比赛时，同队球员应穿着式样和颜色整齐一致的比赛服装；比赛服装上衣背部应有长度不小于15.2厘米的明显号码作为背号，上衣与裤子的号码要一致，否则不得参加比赛；同队队员应穿着同一颜色的内衫，除投手以外的队员可在其内衫上袖有标示、号码、文字、徽章等符号；提倡各队穿着有特色的比赛服装；每一名队员的比赛服装袖长依各人身材而异，但两袖的长度必须大体一致；队员不得穿着破烂的比赛服或内衫出场比赛；队员不得在比赛服装上装饰与比赛服颜色不同的饰物；比赛服上不得附着有能使人联想到像棒球形状式样的东西；比赛服上不得使用玻璃制作的纽扣或附着有发光的金属饰物；除队员常规的球鞋包头外，鞋跟或鞋尖处不得附着任何外物，也不得穿着类似于从事高尔夫或田径等项目时需要穿的圆尖钉鞋。

第三节　青少年从事棒球运动的好处

一、强身健体及养成良好的心态

棒球运动是体育项目中对人体要求最全面的项目，对从事此项运动的运动员身体素质、心理素质的培养有非常积极的促进作用。

对于大多数中国的青少年来说，从小接受的可能都是"只能赢，不能输"的教育理念。在这种观念的影响下，有些孩子可能在遇到不合自己意的事或者失败的时候就会无比沮丧，产生无法接受的心态。但练习棒球或许能在一定程度上消除这种心态：因为大多数青少年运动员都是渴望能在棒球场上打中球的，但实际上，一名运动员在一场棒球比赛中有70%的时间是打不到球的。也就是说，在棒球场上打不到球是一种常态。因此，经常从事棒球运动能让青少年从小就学会面对并接受这种在球场上打不到球的不如意。久而久之，青少年就能养成良好的心态，能够坦然地去面对球场与生活中的各种失败与不如意。

二、与家人间感情的增进

对于一个家庭来讲，棒球运动可谓是亲子活动的最佳载体。一个三口之家完全可以都参与到同一场棒球比赛中来，既有利于增加父母对孩子的了解，还能使孩子感受到父母对自己的爱与关心。在共同从事棒球运动的过程中，父母可以和自己的孩子共同学习、一起进步，还可以与其他青少年的家长交流分享对孩子的教育方式。总之，与自己的孩子共同参与到棒球运动中，为家长和子女之间的沟通提供了桥梁。在这种桥梁之上，子女可以在击球与投球的动作间感受到父亲的从容与力量，同时也能感受到作为观众的母亲的鼓励。因此，一家人共同从事棒球运动无疑可以增进青少年与父母之间的感情。

三、交际能力的促进及眼界的拓展

在交通、网络异常发达的今天，当今社会已经越来越重视人才的国际性特征，而棒球运动正是中外青少年进行文化交流的最佳平台之一。此外，棒球运动强调团队、集体精神，也十分适合当下在中国人数占大多数的独生子女人群去练习，可以培养这些生在独生子女家庭里的青少年的团队精神，使他们在棒球运动中学会交友及为人处事，进而增强他们的交际能力。此外，由于棒球运动在全球诸多国家里都较为流行，因此与棒球相关的国际性的比赛开展广泛，为中国球员提供了很多去外国参加棒球比赛、交流学习的机会，提高了他们的外语水平，加深了他们对世界各国文化的了解。因此，很明显，从事棒球运动也能在很大程度上拓展青少年的眼界。

四、进入名校概率的增加

在当下中国，不少家长都希望能把自己的子女送到名校就读深造，于是竞争愈发激烈。在这种招生名额极其有限的情况下，进入名校就读变得愈发困难。但如果在棒球运动方面具有一技之长，不仅能够增强他们的自信，还能成为其依靠棒球这一特长进入名校的筹码。目前，不少知名高校及著名中小学都成立了校级棒球队。此外，不仅在中国，棒球也是国际各大名校之间进行文化交流的重要纽带。因此，如果青少年能够将棒球运动发展成自己的特长，可增强自己进入名校深造的竞争力。

第二章 青少年棒球运动的基本训练原则、目标、内容和要求

第一节　基本训练原则

一、全面发展与培养特长

棒球是攻防截然分开的运动项目，各个位置既有特点又有特长，运动员用棒子击球，跑步攻占垒位得分。投手投球，场员用手套接球、传球来阻止跑垒得分。棒球运动能全面增强运动员的奔跑能力、左右移动能力、投掷能力、协调能力以及判断和分析局面的能力。棒球运动是一项竞技与智慧相结合的运动，能让运动员的身心都得到发展。教练员需秉持全面发展的理念，全方位发展青少年的运动能力，并塑造其完整人格，使青少年身心都得到发展。同时，还需要重视棒球礼仪、礼貌和精神文明建设。

二、循序渐进与系统化

教练员在训练过程中要遵循青少年成长规律，循序渐进地、系统地开展训练。对待小学生运动员要以培养其对棒球的兴趣及竞技意识为主，对待初中年级的运动员要重点训练其基本技术，对待高中年级的运动员则要以提高其在棒球比赛中的竞技能力为主。

三、趣味性与游戏性

在青少年棒球运动中，培养孩子的兴趣是教练员的工作重点。要使青少年运动员树立运动健康、快乐成长的观念，也要使运动员能坦然地面对棒球比赛的胜利与失败，同时在训练中学习到棒球运动中的智慧与技巧。此外，还要使运动员在训练过程中树立讲规则、重合作等正确的价值观和人生观。为了使孩子能够体验丰富的棒球活动，贯彻快乐棒球的原则，教练员必须要始终保持积极的态度，多多鼓励、表扬运动员，使训练变得轻松、愉快、有序。

四、遵规守纪与重视教育

棒球运动是一所关于人生的学校，在这里青少年应当学会与人和社会交流，形成遵守共同的游戏规则、保持正确的竞赛活动行为规范及积极有效地与他人沟通交流的意识。教练员在训练过程中，要帮助运动员树立遵规守纪的习惯，不光是要尊重教练，还要尊重队友、对手及裁判。教练员自己首先要做到这些要求，这样才能够给运动员树立正面的形象，帮助他们养成良好的礼仪、礼节。因为棒球运动是非常讲究遵规守纪的，所以对运动员进行这方面的教育是教练员在日常训练中必不可少的任务。

五、身心健康与安全

在训练和比赛过程中，教练员要时刻关注运动员的动态，不仅要对其进行心理方面的训练，还要时刻提醒运动员在训练和比赛中要避免受伤，在制定训练强度的时候，要充分考虑到这个年龄段球员的身体条件，不能为了追求成绩而忽视了运动员的身体承受能力。为此，教练员应该在上每次训练课时，充分做好准备活动与整理活动，认真合理地安排运动负荷与对抗难度，在必要时应采用相应的保护措施，做好安全教育与安全防范工作。教练员要采用积极的态度，以恰当的"激励"语言应对青少年在训练、比赛、学习、生活中出现的各种问题，这是教练员永恒的职责。

六、基本动作的规范

棒球运动是一项技巧性极强的集体项目，如果运动员没有扎实的基本功和高超的技巧，就无法在高强度的比赛中取得胜利，因此要注重从小培养青少年运动员规范的基本动作和高超的技巧。一般来讲，技术是指完成某个动作，具体方法是就动作本身而言的，技巧是在实战中运用各种技术方法的综合能力。为此，教练员和运动员都要熟练掌握当代先进的技术理念及规范的基本动作。

七、注重细节与讲究质量

态度决定训练的质量，细节决定最后的结果。要培养青少年运动员注重技战术细节观念的训练，特别是细节练习的质量，在技术上要精益求精，要追求更好；在战术上要配合默契、变化巧妙。初学者在学习之初，都处于"泛化阶段"。这个阶段出现错误是必然的，必须要经过一定积累才能从量变到质变，直到转化为"自动化阶段"，要充分利用训练的可重复性对球员的技术、意识等方面进行细化要求。为此，教练员要善于观察和分析，抓好各种技术与战术细节的训练要求，通过提高训练要求不断提高教学训练质量。

八、重视比赛与意识优先

训练的依据来源于比赛，训练的内容、方法都要以比赛要求为标准，让运动员逐步学会和遵循比赛中进攻和防守的原则。此外，运动员还应学会正确地利用规则和使用技术。比赛意识和运动水平的直接表现，就是运动员在比赛中行动效率的高低，若效率高则会在比赛中保持主动。为此，教练员要认真提高战术理论和实战水平，使运动员学会如何比赛，以此来帮助运动员培养良好的棒球意识，使他们掌握棒球运动中的核心要素——观察、判断、选择、决策及行动，以此来增大在比赛中获胜的概率。

九、继承发扬与思维创新

棒球比赛过程变化莫测，要注意培养运动员在比赛中正确应对复杂局面的能力，创造性地解决问题和在瞬间正确做出应对的思维能力。在球场上决定其意识和行为的是运动员，教练员不要抑制球员的这一思维活动，要让其有自由选择和决策的空间。因此，在训练和比赛中既要让青少年运动员继承发扬基本的比赛智慧，又要让他们有充分发挥主观思维和自由选择与决策的空间。为此，教练员、运动员要不断充实、提高、更新理论和实践知识，及时了解、学习世界棒球运动适合民族特点的正确理念、方法，使自己的教学训练能够在正确理论与实践指导下有效进行。

第二节 基本训练目标

一、U7-U9年龄阶段

（一）基本技术动作的掌握

通过训练使球员们基本掌握传接球、挥击、跑垒等基本技术动作。

（二）培养兴趣与学习规则

通过游戏和比赛，让运动员学会棒球的基本规则，认识球区和上垒、偷垒、滑垒、打击的目的与效果，认识防守的接杀、传杀、封杀、触杀、双杀、夹杀等基本术语，使其能够完成9人击球、交换攻守等基本动作，并开始对棒球产生浓厚的兴趣。

（三）培养进攻与防守的基础能力

使运动员明白击球—跑垒—得分的进攻规则及投杀、封杀、接杀和触杀等一系列防守知识，培养进攻与防守的基础能力。

（四）培养球感、奔跑能力与协调性

发展运动员的球感，增强其奔跑能力，提高其协调性和灵敏性。

（五）树立良好的队风

让运动员在训练中养成遵守纪律、执行规则、尊重自己、尊重他人的习惯，以及建立积极向上的队风。

二、U10-U12年龄阶段

（一）基本技术动作

要使运动员能够熟练掌握传球、接球、挥击及跑垒等基本技术动作，让他们明白自己的位置以及相应的职责，并使他们掌握基础阶段多个位置的基本技术。

1. 投接手

每队需安排3~4名投手以及2名接手。投手学会初步的侧身投球动作,使其投出的好球率能达到30%~40%;接手能够接住投手投出去的球,并且还要使接手在有击球员挥击的情况下能接住80%以上的投球。

2. 内场手

要使内场手能够接住各种不同的球,如地滚球、高飞球和平直球及同伴传出的平球等,并能够传杀各垒。

3. 外场手

通过训练使外场手能够接住高飞球、地滚球,并能以最快速度传球回内场和传一弹球至本垒,同时还需要让外场手掌握30米快准传球能力。

（二）兴趣培养与规则学习

进一步培养运动员对棒球的兴趣,让其通过比赛和游戏学习棒球的基本规则,掌握识别好坏球、偷垒、传杀、接力补位、助杀、封杀、触杀及双杀等基本概念和术语。

（三）协调性、灵敏性、传球准确性

要全面提高学生的协调性、灵敏性及传球的准确性。

（四）安全意识

要培养运动员的安全意识,使其在球场上养成集中注意力的习惯,以避免受伤。

（五）良好队风

促进运动员之间的交流与沟通,努力在队内营造出执行规则、尊重裁判、尊重队友、尊重对手的氛围,培养出一支勤动脑筋、团结协助、朝气蓬勃、积极向上的队伍。

三、U13-U15年龄阶段

（一）基本技术

教练员要加强对U13-U15岁运动员棒球基本技术的训练，让他们掌握投球、传球、接球、挥击、触击、跑垒等基本技术动作，使其明确自己的位置分工，并熟练掌握自己位置所需的基本技术，提高比赛能力。

1. 投接手

每队有4~6名投手及2名以上接手。投手需掌握侧身投球和正面投球技术，投出的好球率应能达到70%以上，具备牵制各垒的能力，要使接手能接住投手的投球，让其在有击球员挥击的情况下能接住95%以上的投球。

2. 内场手

内场手能够接住各种不同的球，如地滚球、高飞球和平直球及同伴传出的平球等，并能够准确传杀前位跑垒员。

3. 外场手

使外场手能够接住高飞球及地滚球，并能以最快速度传球回内场和传一弹球至本垒，同时让其掌握40米快准传球能力。

（二）兴趣

加强对运动员的兴趣培养，熟悉、养成正确的技术动作，使他们能够通过比赛和游戏学习棒球的基本规则，让其熟悉好球、坏球、偷垒、传杀、接杀、助杀、封杀、触杀、夹杀及双杀等基本概念和术语。

（三）运动能力

全面发展运动员的运动能力，提高其协调性、灵敏性、传球的准确性和稳定性。

（四）安全意识

培养运动员的安全意识，熟悉、养成正确的技术动作，使他们在球场上养成注

意力集中的习惯，以防受伤。

（五）交流与沟通

教练员要促进运动员间的交流与沟通，努力在队内营造出尊重规则、尊重裁判、尊重对手、尊重队友的氛围，培养出一支团结合作、积极向上的球队。

四、U16-U18年龄阶段

U16-U18棒球训练队是中国棒球的后备队，是棒球发展中不可缺少的重要环节，是中国棒球培养优秀的后备人才和未来的棒球明星的摇篮。

（一）基本技术训练

熟练掌握传球、接球、挥击、触击、跑垒等基本技术动作，明确自己的防守位置分工，提高比赛能力。

1. 投接手

投手要提高控球能力，投点率要在60%以上，另外还需掌握两种以上的变化球种，且在面对击球员时可以投出好球；接手应学会根据击球员情况进行配球并引导投手投出好球，以此来增强指挥全场的能力，熟练传杀各垒的能力。

2. 内场手

应适应各种比赛状况，在移动中准确接传各种地滚球和腾空球，并具有一定的应对突发情况的能力。

3. 外场手

使外场手能够在移动中准确接住高飞球及地滚球，并能以最快速度准确地传球回内场，同时还需具备传50米以上平球的能力，以应对比赛需要。

（二）临场实战对抗能力

通过大量比赛提高运动员的临场应变能力和对抗能力，积累成功的比赛经验，确定个人打法，为参加高水平比赛打好基础。

（三）安全意识

培养棒球运动员的安全意识，使他们在球场上养成听从指挥，注意力集中完成技战术要求的习惯，既发挥水平又免于受伤。

（四）交流与沟通

教练员要促进运动员之间的交流与沟通，努力在队内营造出尊重规则、尊重裁判、尊重对手的氛围，培养出一支敢打敢拼、团结合作、积极向上的战斗队伍。

第三节　基本训练内容及要求

棒球运动训练根据运动员的年龄、技术水平情况主要分为两部分。

一、基础部分

基础部分是每个棒球运动员必修的基本内容和应达到的基本要求，在基本训练中会涵盖以下内容。

（一）运动员基本动作的规范

1. 接球技术

使运动员正确地掌握在移动中接地滚球、平直球、高飞球的手法、步法。

2. 传球技术

使运动员掌握正确的握球、肩上传球、侧手传球、下手传球及抛球等手法和步法。

3. 接、传球连贯技术

使运动员掌握正确的接地滚球、平飞球、高飞球后连接传球的整体性、连贯性技术动作。

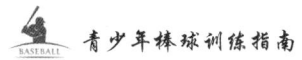

4. 击球技术

使运动员掌握正确的握棒、准备、伸踏、出棒、转体、挥棒中球等一系列击球动作。

5. 跑垒技术

使运动员正确掌握击球后起动跑垒、偷垒、滑垒、扑垒、回垒、连续跑垒等一系列跑垒动作。

（二）身体素质训练

1. 跑动练习

使运动员快速起动、移动、奔跑，以此来培养其反应速度、位移速度、柔韧性及协调等能力。

2. 力量练习

安排运动员进行克服自身体重的力量练习，如蛙跳、蹲跳、俯卧撑、腹背肌等，以加强自身力量，提高对专项器械的控制能力。

3. 绳梯练习

要培养运动员手眼协调配合、转向和快速移动脚步的能力。

（三）理论学习

教练员要安排青少年运动员了解技术原理、学习比赛规则，使他们理解界内球、界外球、好球及坏球等棒球的专业概念。此外，教练员还需要向青少年运动员介绍一些棒球球星的成长故事，并定期让运动员观摩高水平运动队训练和比赛。

（四）要求

1. 加强对礼仪与规则意识的管理

在训练和比赛中，注重培养运动员主动学习、讲究礼仪、遵守规则、严格规范的自觉意识和习惯。

2. 培养运动员的自信心与积极性

安排与年龄相适宜、形式多样的游戏和活动，激发运动员的自信心，培养运动员训练、比赛的积极性。

3. 高度重视动作的正确性

技术训练时，要特别注意动作的正确性、递进性及全面性。

4. 全面强化身体素质

结合技战术训练，全面强化运动员相应的身体素质。

5. 认真对待准备活动与放松活动

重视每次训练课的准备活动、放松恢复与整理活动。

二、专项部分

专项部分是每个运动员必修的专项内容。进行专项训练的目的是提高每个运动员的专项能力。在专项训练中涵盖以下训练内容：

（一）运动员专项技术水平的提升

要全面提升运动员的专项技术能力，使运动员做到接得稳、传得准、打得狠。

1. 内场手

需要掌握实战对抗中的接杀、传杀、封杀、触杀、选杀、夹杀及双杀技术。

2. 外场手

需要掌握实战对抗中的接高飞球、地滚球并向各垒传一弹球的技术。

3. 投手

需要掌握实战对抗中的正面投球、侧身投球、一种以上的变化球、控点、牵制球和接球传各垒、补各垒接杀触杀的技术。

4. 接手

需要掌握接投手球、堵球、接直上直下腾空球和防守触击球的方法以及传一垒、二垒、三垒的步法。此外，还需要学习补一垒、接外场传本垒反弹球的技术。总之，要使接手学会防守、补位和补垒。

5. 击球

强化击球基本技术，提高吃中球率、打击力度，以及上垒、推进、打点的各种局面的有效打法。

6. 触击

注意控制球的方向、落点和停点，不要触击给投手。

7. 跑垒

击出内场球跑一垒、击出安打球跑一垒、多垒跑、全垒跑、起动、途中跑、加速、踏垒、急停回垒等。

8. 偷垒

离垒、回垒、起动转身、加速跑、滑垒、扑垒。

（二）战术教学与训练

1. 防守战术

（1）内场防守配合：地滚球传一垒、二垒、三垒、本垒（封杀、触杀）及双杀配合；内场各位置的配合（接球、补漏、补垒、补位、回垒、传杀）。防触击球，防一、三垒双偷垒。

（2）外场防守配合：接高飞球及安打回传各垒的技术、防止跑垒员再进下一垒位的意识、接力技术及外场手补漏和补位意识。

（3）全场防守配合：击出内场或外场安打球，让运动员进行全场移动、补位、补漏、接力、传球及互相指挥等战术的训练。

（4）投接手战术：投接手进行快、慢、变的配球战术，内角、外角及防触击和防偷垒配球等战术的训练。

2. 进攻战术

（1）练习击球战术：使运动员重点进行挥击、牺牲触击、上垒触击、抢分触击、假触真打及掩护偷垒等战术的训练。

（2）跑垒战术：让运动员练习单偷和一、三垒双偷以及一、二垒双偷等技术动作。

（3）垒上有人局面打法：触击球停点好、安打球落点好、长打球位置好。

3. 身体素质训练

（1）通过短距离冲刺跑、折返跑、变向跑、变速跑提高移动速度、反应速度及灵活性。

（2）通过器械练习提高基础力量及爆发力。

（3）通过中长跑加强有氧能力。

（4）加强核心力量和上下肢力量的训练。

4. 理论学习

（1）加强竞赛规则学习。

（2）详细分析、讲解防守、进攻的各种战术所要达到的目的及跑位方法与时机，先理解战术意图，再明白战术打法，从而提高战术成功率。

（3）学习体能、心理训练的专项理论。

（4）了解当代棒球运动的发展趋势与特征。

（5）观摩高水平比赛。

5. 要求

（1）在训练和比赛中，注重培养运动员主动学习、讲究礼仪及遵守规则的自觉意识和习惯。

（2）在训练过程中注意引导和培养运动员的团队协作意识。

（3）在技术训练时，要强调各种技术动作的准确性、规范性和熟练性。

（4）在战术训练时，要通过讲解好启发式教学方法，重点培养运动员的理解力和执行力。

（5）注重每次训练中的热身和放松恢复与整理活动。

（三）实战部分

实战部分是根据运动员的自身条件以及个性发展继续补充训练的内容，实战训练包含以下训练内容：

1. 比赛的利用

让运动员在参加大量比赛的过程中提高实战能力及临场应变能力。

（1）投手：提高控球能力和投点率，同时掌握两种以上的变化球并能够控制投点。进一步加强补位意识，形成条件反射。

（2）接手：学会根据击球运动员情况配球，并引导投手投出好球，用尽量少的投球数解决尽量多的击球员。加强指挥全场的能力，随时调整防守站位。

（3）防守：脚步灵活，缩短接球时间，加快倒手速度，做到快、稳、准。失误后要有第二反应甚至第三反应，尽可能不给对手上垒、得分的机会。

（4）击球：以提高吃中率为目标，只有提高吃中率才能保证高安打率。垒上有人时要带着推进的想法击球，尽量让场上局面向着好的方向产生变化。

（5）跑垒：要有进攻性跑垒意识，时刻找机会攻占下一垒。判断好球的落点，做好跑垒起动。

（6）战术：理解每个战术的意图与目的。熟练掌握每个战术的打法与时机。

2. 身体素质训练

（1）利用比赛间隙加强跑动练习，以保持速度与体能。

（2）保持核心力量训练，加强柔韧性、协调性的练习。

（3）保持各关节及小肌肉群力量训练，以保障比赛中不受伤。

3. 心理训练

培养青少年坚毅、自控、激情、乐观、感恩、勇气、责任、自信、社交和好奇等方面的能力，使他们具有求胜欲望和自信心。另外，教练员在任何场合应采取以鼓励为主的教导方式，使青少年运动员能够在训练和比赛中享受到棒球的快乐。

4. 理论学习

（1）继续加强规则学习，使运动员能够熟练掌握、利用规则。

（2）结合战例进行进攻、防守的原则分析。

（3）介绍职业运动员的行为准则。

（4）介绍与棒球运动相关学科的基础知识。

（5）结合自己的位置，有目的地观摩高水平比赛。

5. 要求

（1）在训练和比赛中，注重培养运动员主动学习、讲究礼仪及遵守规则的自觉意识和习惯。

（2）在技战术训练中，有针对性地解决运动员在比赛中存在的问题，突出实战应用、应变与创造的能力，注重发展个人特点。

（3）遵循比赛原则，突出运动员在比赛中技战术运用的合理性与实效性。

（4）全面发展专项身体素质，注重对运动员专项力量、速度以及协调性和核心力量的训练。

（5）心理能力的培养要融入平时的身体、技术及战术训练中。注重帮助运动员形成正确的行为习惯和良好的态度。

（6）注重训练过程中的热身、内容安排、负荷控制与恢复整理的合理性，科学安排每次训练间的休息与恢复。

（四）考核部分

定性和定量两种方法可用来检查与评价训练效果。定性评估主要用来考察技术能力和个人战术意识水平。相比之下，身体素质考核需要有科学客观的评价标准，所以这时要采用定量的方法来对身体素质进行评估。但是由于青少年处于身体素质发展的敏感期，不同年龄阶段应当对应有不同的评价标准，所以这就需要我们进行长期的跟踪，才能制定出相对科学客观的评价标准。

考核内容主要分为以下三个方面，具体考核内容根据不同年龄段及具体情况酌情调整。

1. 训练表现

（1）考勤情况。

（2）运动员是否能够在训练中展现出朝气蓬勃、积极向上的精神。

（3）运动员间的交流、沟通情况。

（4）运动员尊重规则、裁判、对手的情况。

（5）运动员动脑筋、团结协助的程度。

（6）运动员对待比赛的态度。

2. 技术达标内容

（1）初学者

①传准：根据不同年龄测试者在相应距离处摆放一挡网或挡墙，在挡网或挡墙处标注一个1米×1米的目标，掷中目标得分。

②击准：采取抛击（竖抛、斜抛均可）的方式，打到球得分。

③接球：由教练员抛球（高飞球和平直球），分为正面、两侧，接到球得分。

（2）有一定基础者

①接球传杀：测试者在游击位置，接教练员打出来的球，然后传杀一垒，接住、传准得分，也可以接球、传球分开计分。

②接外场高飞球：测试者在外场位置，接教练棒打出的高飞球，接到球得分。

③抛击打平球：测试者打抛击（竖抛、斜抛均可），根据在一定数量内打出的平球（有一定远度）数计分。

④快速倒手：2人一组，相隔10米至15米，计算一定时间内的传球次数，次数越多，得分越高。

⑤挥击：测试者击打投手球或机器球，需要将球的飞行速度控制在100公里/小时左右，在一定球数内每击中一次得分。

（3）达到一定水平者

①接球传杀（计时）：测试者在游击位置，接教练员打出来的球然后传杀一垒，同时由另一名教练员计时（从球接触教练棒开始到球进一垒手手套结束），根据所用时间计分。

②外场高飞球传杀本垒（计时）：测试者在外场防守位置接教练棒高飞球传杀本垒，同时计时（从球接触教练棒开始到球进本垒捕手手套结束），根据所用时间计分。

③挥击：测试者击打投手球或机器球，需要将球的飞行速度控制在100公里/小时左右，在一定球数内以吃中球数量计分。

3. 素质测试内容

（1）专项素质

①一垒跑：测试者从本垒起动（前脚踏本垒板前沿），沿直线跑一垒（要跑

限制线），脚踏一垒垒包结束，没有踏到垒则成绩无效，根据时间计分。

②全垒跑：测试者从本垒起动（前脚踏本垒板前沿），依次通过并踏触一垒垒包、二垒垒包、三垒垒包，最后回到本垒并踏触本垒板结束，根据时间计分。要注意没有踏触到任何一个垒包的成绩无效。

③掷远：测试者可以助跑，但不可以过线，根据距离打分。

④抛击打远：测试者采取抛击（竖抛、斜抛均可）的方式，根据打出的球的第一落点的远度计分。

（2）身体素质

①立定跳远。

②仰卧起坐。

③6米×6折返跑。

④卧推（杠铃）。

⑤深蹲（杠铃）。

第一节　准备活动

在开始进行任何的体育项目之前都要进行准备活动，即热身操，可根据环境、气候、温度、湿度、运动员年龄、训练年限等情况选用。下面简单介绍三套热身操。

一、行进间热身操

（一）组织方法

全体运动员排成一路纵队，站在垒线上，由教练员发布跑步走的口令，全体运动员按照跑垒的顺序进行慢跑3~4圈。再由教练员发出齐步走的口令，然后全体运动员沿垒线边走边按照以下口令顺序做操，节拍为2×8拍。

（二）动作名称

1. 扩胸运动

2. 振臂运动

3. 体侧运动

4. 大臂绕环运动

5. 腹背运动

6. 弓箭步压腿运动

7. 侧压腿运动

8. 正踢腿运动

9. 侧踢腿运动

10. 原地拍手跳

二、提高起动能力和灵活性的热身活动

（一）组织方法

将全体运动员分成四组，五人为一组（根据具体人数再进行调整），从第一组做起，由教练员或者每组的第一个运动员发出口令指挥球员们进行热身。热身时以垒间为间距。

（二）动作名称（见附录中视频二维码）

（1）小步跑与冲刺跑

（2）高抬腿跑与冲刺跑

（3）侧身交叉步跑

（4）行进间正踢腿

（5）行进间侧踢腿

（6）行进间扩胸抬腿

（7）倒退跑

（8）蹲地跑

（9）后踢腿跑

（10）偷垒跑

三、原地体操

（一）组织方法

全体运动员位于本垒、三垒之间，站成前后两排，前后距离3米，教练员或者队长需要站在第一排前方约5米居中的位置，然后带领全体球员做操，2×8拍。

（二）动作名称（见附录中视频二维码）

（1）头部运动

（2）振臂运动

（3）扩胸运动

（4）肩绕环运动

（5）腹背运动

（6）腰绕环运动

（7）弓箭步压腿

（8）侧腰腿

（9）膝关节绕环运动

（10）协调跳

第二节　热身游戏练习方法示例

一、贴人换位赛

（一）目的

通过这个游戏可以锻炼学生的躲闪能力、灵活性，提高学生的跑速，也可以练习学生的触杀封杀意识。

（二）方法

将所有运动员分成两组，每组6~10人。第一组运动员通过手拉手围成圆圈，第二组运动员分别站在第一组运动员的身后，站好后，整体人员向后退2~3米，拉开人员间隙，选出一组两人进行沿圈内外沿的穿插跑动，跑动者不能让追逐者触碰，通过前后贴站的形式跑到间隔另外一组的前后贴住，完成安全进位的练习，如果在没有贴触进位之前，追逐者触碰跑动者身体，跑动的两人则任务换位，继续完成追逐，时间可控制在10~15分钟。

二、跑回家比赛

（一）目的

通过跑四个垒的比赛，锻炼跑动中的接力、灵活性，建立跑垒与竞争意识。

（二）方法

这一活动须在标准棒球场上或者正方形的场地上进行，场上摆放垒垫或可踩踏的安全标志物代替。将所有人平均分成四队，每队4~6人安排在一个垒上。当听到"开始!"的口令的时候，每队的第一个队员就按逆时针沿跑垒的路线开始

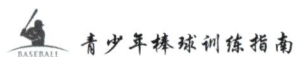

跑，必须接触到经过的每一垒位。当回到出发的那个垒的时候，与下一队员击掌后下一队员开始跑，完成的队员回到队伍后面。当所有队员都完成比赛回到原来的队伍中后，比赛结束。

也可以用一个棒球作为接力时的传递工具，当上一位队员完成比赛回到出发的那个垒时把棒球交到下一位队员手中。

三、举手赢比赛

（一）目的

通过挥棒击球、接球、跑垒等游戏环节，锻炼团队协作、眼手配合、技术运用能力。

（二）方法

比赛在每队6～12人的两队间进行。一队击球，另一队接球。接球队占据棒球内场与外场的位置。

比赛开始，投手把球（空心橡胶球、足球、海绵垒球、网球等）抛给击球手，击球手把球击出后开始跑垒。外野手把球接到后传给投手，投手把球接住后喊"停"。如果击出球在落地前被接住，击球手出局。如果正在跑垒的队员在投手喊"停"的时候不在垒上，跑垒队员出局。所以跑垒时可以选择在垒上停下来，等待下一次击球后继续跑。当一名跑垒队员成功回到本垒，计1分。

各垒上不能站超过一名队员，跑垒时不能超过前面的队员。

当每个击球手都击中球或有6人出局后，两队交换角色。分数较高的一队获胜。

四、换球接力赛

（一）目的

训练运动员们的敏捷身手，提高其转换能力和竞争意识。

（二）方法

将所有运动员分成两组，每组5～8人。在球场内摆2列手套，每列3～5只，每只手套之间相隔3～5米，并相对各组纵向排列。等到发令人鸣笛后，站在每组最前面的运动员手拿3~5个球起跑,并逐一将球放在前面的3~5个手套内,放完后跑向目标折回,再逐一把手套内的球拿起跑回起点,并把球交给另一接力者,然后接力者再重复上一个球员的动作。最先完成一轮者为优胜组。

第三节　整理活动

身体柔韧体操

运动员在进行完每次的练习以后,还需要完成一项非常关键的任务,那就是肌腱伸展运动,也就是整理活动。由于棒球运动中的投球、传球、击球、跑垒等技术动作都需要爆发力,所以肌肉在做这些动作时都会突然伸张和收缩,为了能够不让肌肉受伤,就必须要使它伸缩自如、富有弹性,因此做好肌腱伸展运动是十分必要的,它可以减少受伤的概率,同时有助于身体的恢复。

(一) 组织方法

教练员发出口令,全体运动员听到后需要以两人一组的形式前后站立。然后由教练员进行动作示范,全体运动员按照动作要求进行柔韧拉伸。

(二) 动作名称(见附录中视频二维码)

(1) 指关节运动

(2) 双臂背后伸展

(3) 肘关节拉伸运动

(4) 肩关节拉伸运动

(5) 双臂体后提举

(6) 双人提腿运动

(7) 双人提背运动

(8) 坐姿压腿运动

(9) 跪姿压肩运动

第四章 棒球技术解析

第一节　投手投球动作的规范

棒球投手投球的物理原理阐述如下：在比赛中出现的对抗情况主要是投手和击球员之间的对抗，可以说51%是个人之间的对抗，49%是集体对抗。棒球的每个攻守行为都是从投手投球开始的，具体来说是从投手向击球员投球，击球员把投手投过来的球击出去开始的。投手投球时是单独的，没有人能帮助他；击球员击球时也是单独的。一投一击之间是个人的对抗，直到击球员把投来的球击出之后，才会出现集体的进攻和防守的对抗。因此，集体之间的对抗出现在个人之间的对抗之后，个人对抗促使集体对抗的产生，集体对抗是由于个人对抗而产生的。在个人和集体对抗之中，投手和接手这一环节又起着十分关键的作用。如果投手能投出好球，能控制击球员的击球效果，就能全面压制对方的进攻。有没有进攻，有怎样的进攻，产生不产生集体对抗，产生怎样的集体对抗，都是由投手发动的。因此可以说，投手和接手在一场比赛中起到70%~80%的作用，这是经过多年的实战和研究后才得出的结论。

投手站在离击球区18.44米远的土坡上，且站在高出地面25厘米的橡胶投手板上，位于击球区的上方。投手投出的球可能以每小时95英里（154公里/小时）的速度向击球员飞来，或者是慢得多的变化球，看上去要在空中停滞，然后下降并俯冲，离开击球员预计的方向。击球员要在不到0.5秒的时间里确定来的是哪种球。此外，击球员还要弄清楚从球离开投球手到球穿过本垒板后应选择是用球棒击球，还是让蹲伏在击球员后面的接球手用手套接住它，以及是不是好球、该不该挥击等这些问题。击球员需要在很短的时间里思考出这些问题的答案并做出正确的选择，因为这些答案会对比赛的输赢起到决定性作用。投手是怎样做的呢？人的胳膊如何能推动140克重的棒球，使其以比大多数汽车还快的速度移动18.44米的距离，他们又如何能将球投入悬于本垒板上方的好球空间，并且不仅能控制它将到达的位置，还能控制它到达后的运动方式？

一次次的练习会强化投手的腿和胳膊的肌肉，这是投球所需要的。要成为成功的投手，不仅要拥有强壮的胳膊，还必须拥有强壮和健康的身体。像使用卷曲的鞭子一样使用身体就能加快投球的速度。双腿能够提供投球所需的大部分力量。这也是完成投球动作必须要从腿部开始训练的原因。腿部发力使棒球开始能以50英里每小时的速度飞行。如果你想知道这一结论是否正确，可以试着坐在地上投球，你会吃惊地发现这样投出去的球的飞行速度是非常慢的。后背和肩提供了20英里的能量，另外15英里的能量则是由胳膊和肘提供的，只有最后的10英里是真正由手指和手腕提供的。只有利用好从脚到手指的每一处肌肉，投手才能像弹弓一样以惊人的速度将球投出。

仅仅知道利用身体的全部部位进行发力是不够的；知道怎样利用身体对成为成功的投手也极为重要。让身体保持平衡、协调的状态是保证能投好球的唯一前提条件。要依靠腿部、后背和肩的肌群力量使球产生速度，这样才使投手能利用手指和手腕的细微操纵来控制球离开手后的精确位置和旋转方向。如果投手握球太松，就会失去对球的控制。但如果投手握得太紧，则会失去力量和对旋转方向的控制。像握鸡蛋那样轻轻地却牢固地握球能保持对球的控制和力量之间的平衡。胳膊姿势放置得正确与否对确保投球达到最大速度来说也是重要的。在背后握球，手掌向上，这样肩部就能产生很大的拉紧力。手掌向下握球，抓住球的上部准备猛掷，这样就能使投手感觉到球的重量会轻一些，并且胳膊也会舒适很多。可以说，球投出后的飞行速度取决于整个身体各个部位的协调配合程度。

完成好理想的投球动作，投球的基本要求是运动员需使用全身肌肉积累力量，在投球瞬间爆发自身力量。运动员需以轴心脚站立，从下半身到上半身的中心移动。只有当各部分动作能够正确发挥时，运动员才能够将力量全部贯穿到球上。运动员需要深刻理解投球的基本动作，以便于进一步提高投球的杀伤力。

一、正面投球的动作规范

（一）预备动作

运动员要保持将自己的视线、下颌、胸口正对接手。

（二）伸踏引臂阶段

伸踏腿抬起，大腿带动小腿屈膝，逐渐向右方或右后方提起，同时，上体转动90°，左肩指向本垒，两眼盯着目标，头保持稳定。重心移至轴心脚，成单腿支撑状态。

（三）上臂加速与上臂减速阶段

（1）重心的稳定与前移。抬腿至腹部高，轴心脚的脚跟提起，整个身体重心要稳定。重心继续前移，分手，踢小腿，伸踏，送髋，轴心脚用力蹬转，右膝内扣，形成超越器械的动作。

（2）髋关节前送。在髋关节前送时，要边送边向投球方向扭转，并以扭转的动作带动躯干向左扭转。

（3）最后的发力。从伸踏脚内侧着地并过渡到全掌着地，轴心脚用力蹬地→转髋→转腰→转体→挺胸→转肩→右肘外展→送肘→手腕后屈→左肩固定→右肩下压→右肘跟进甩腕→拨指把球投出。

（四）随挥阶段

伸踏腿自然弯曲90°，球出手后，重心移向伸踏腿，右腿跟上腰部的转动。随挥是投球动作的延伸，其本身对投球效果没有作用，但是通过随挥的动作，我们能够对投球动作进行更好的评价，强调随挥动作的正确性，也是在强调投球动作的正确性。

二、侧身投球的动作规范

上板合手，轴心脚直接踏在本垒板前沿，脚外侧贴住投手板的前沿，自由脚站在轴心脚侧面开立，身体侧向本垒，双手在胸前合手静止。

（一）动作流程

1. 伸踏引臂

同正面投球动作，但动作幅度要小、速度要快，因为要控制跑垒员的离垒和偷垒。

2. 甩臂投球

同正面投球动作。

3. 后续动作

与正面投球动作相同，手臂继续随挥，上体下压，准备接球。

（二）动作要领

轴心脚是与投手同方向的脚，另外的一只脚是自由脚。踏板与支撑和发力等动作是由轴心脚完成的，伸踏和控制投球方向等动作是用自由脚完成的。这些步骤必须固定不能改变，否则就会犯规。

此外，投手投球还需要注意以下两个方面。

1. 握球

运动员在握球的时候，指尖要有扣球的感觉。运动员要保持稳定的姿势投球，需要记住正确的握球姿势。为了使从手腕到手指间能更有效地传递力量，手指要配合球缝，轻轻扣住球。两指之间需要保持大约一指半的距离，食指和中指需位于球缝处，拇指需以指侧对应球缝，虎口和球之间要保持缝隙，如果运动员用拇指的指肚握球，则会导致球难以旋转，飞行速度降低，虎口如果握住球，则会导致手腕肌肉紧张，不利于加速和动作稳定性。

2. 预备动作

做预备动作的时候，胸口要正对接手，从准备动作开始，由于身体运动的连续性，如果最初的动作不正确，则会导致整体动作的混乱。运动员需保持视线、下颌和胸口正对接手，自然向上举起手腕，身体中轴线需保持一条直线，与地面垂直；如果运动员不正对接手，则无法进行接下来的动作；如果运动员的中轴线弯曲，则动作会不自然。

三、投球的种类和投法

（一）直线快球

快球是依靠速度来制约击球员的一种球，也是各球种中的王者。快球的握球主要有两种方式：两线快球和四线快球。当快球直接投向本垒板时，在向下脱手时可以在指间滚动，这样可以使它在飞向板的过程中直线回旋。快球的特点是球没有太多动作变化，直接从脱手到板，这是最快的投球，也是对控制球的旋转要求得最少的投球。美国、日本的职业顶尖投手能使他们的球速超过每小时100英里（162公里/小时）。我国投手可以投到时速93英里（150公里/小时）。投快球是最容易学的，但它要求投手具备一定天赋。有两种典型的握球方法，它们称为两线和四线（以主旋转方向上缝合线的数量命名）。这两种投球都主要是以拇指和其他两根手指持球。释放球时手指轻弹，使球能回旋。投手在投四线球时，球在旋转时四条缝合线抓住空气，四条线产生的支持力使球在空中飘浮。

在投两线球时，由于只有两条线抓住空气，因此球会有下沉趋势。目前在投快球时，我国投手大多数采用的都是两线快球的投球方式。

 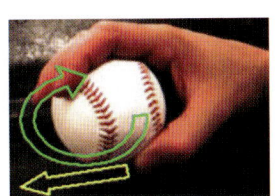

（二）变速球

变速球的最终目的是蒙蔽击球员。投变速球时的基本要求与快球大体相同，但是投出去后每小时的飞行速度要比快球慢10~15英里（16~24公里/小时）。现如今，在我国有很多投手可以投出质量较高的变速球。变速握球时需将球更加靠近手掌，五个手指以相同的力度放于球上。投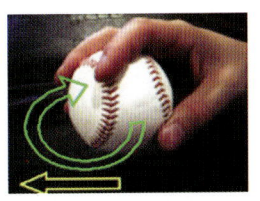出球的效果是，胳膊的动作与投快球相同，但是球会以慢得多的速度飘向板。它的目的是欺骗击球员，使其相信投的是快球，然后在球未到达板就已经挥击了。投变速球的高手能有效地利用它，使他们的快球看上去更快，这样就能使击球员上当从而挥动球棒。

（三）指叉球

指叉球和分线快球的握球姿势与快球相似，但不同的是，指叉球需在前两个手指滑动并使其不规则旋转。球员需将手指分开，留出较宽的距离放于缝合线上，然后像两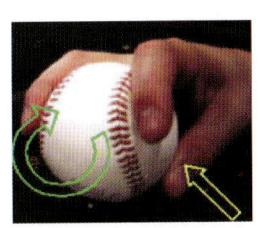线快球一样投球。这种球的特点是只比快球慢一点，但是根据球在指间的旋转，它能向左、向右或向下移动。相比指叉球而言，分线快球是稍慢一点的快球，投球时两手指分开，但不像指叉球分得那样大。因为手指弹球时不像快球那样有效，这种球会稍慢一些，并能向左或向右移动，这与传统的两线球是不同的。

（四）曲线球

曲线球是最著名的变化球。两个手指沿着球外缘的缝合线握球，手腕在球上方下弹（朝着球外缘）。这种旋转使球在向板运动时向下俯冲，这是因为旋转较为侧向，在球通过空气时，缝合线没有产生支持力。曲线球每小时的飞行速度要比快球慢10~20英里（16~32公里/小时）。

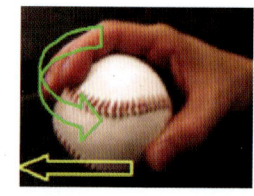

（五）滑球

滑球与曲线球相似，但投球时通常胳膊要比投曲线球时伸得略大、略低些，抓球的缝合线要高一些。这样球才会侧旋，才能使球在脱离投手后改变方向，朝着板相反的方向移动（对于右手投球的投手而言，看到的是从右向左的方向）。

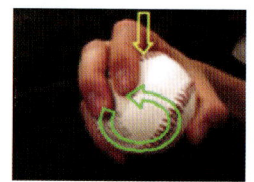

（六）螺旋球

螺旋球是最难投的变化球，因为它与胳膊在投球时的自然运动方向相反。投这种球，需将两个手指沿着球内缘的缝合线握球，发球时手腕下弹并在球内部。这种旋转会使螺旋球从投手移开（对于用右手的投手，球从右边移到更右边）。由于这种投球方式容易使投手的肘部感到酸痛，所以要持续地投螺旋球是极其困难的。

（七）指节球

指节球是一种很难掌握的投法，在我国只有极少数投手掌握了这种投球方法，即指尖伸入球内，使关节能紧紧抓住球。当球脱手时，投手要抽出手指，努力将球推向本垒板，不带任何旋转。这种投球依靠自然气流的力量，在球没有旋转地向本垒板飘去时，推动球的缝合线运动。这实际上就可以使球在方向和运动上发生任何变化。投手投出的指节球一般是相当慢的，但却是非常有效的，因为它缺乏预知性。击球员要击中它非常困难。

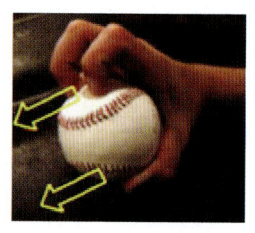

第二节 防守基本技术

一、接球动作的技术规范

防守运动员要接的球可以分为击出的球和传来的球。接击出的球时需要判断，有的球会因变化而比较难接，传来的球一般比较容易接。防守运动员既要接好击出来的球，也要接好传来的球。

击出的球是由攻方击球员击出来的球，特点是来得突然，并且方向不定，落点不定，球性不定，速度快慢也不定；攻方击球员击球的目的就是让防守运动员无法接住。传出的球是防守队本队的同伴为了完成传杀而进攻队员，有目的地传来的球，特点是飞行方向较准，速度适中，容易被接到。防守技术中最核心的内容就是接击出的球。接击出的球也是投手投球后防守的第一个动作，防守运动员要做到尽力接住各种球性的来球以连接好下一步的传球动作，完成好传杀任务。

预备动作

两脚开立与肩同宽，两膝微屈，双手前伸，接球手以手套的掌心朝向来球，投球手放在手套的拇指后面保护和帮助。

接球动作

双手置于口鼻的高度对准来球，主动迎球，用手套的掌心接球，当球触到手套的掌心时，接球手扶手套的拇指把球包住，双手顺势回收至胸前，缓冲来球的冲力。口鼻前面是最合适的接球位置，尽量通过脚步的移动，在这个位置接到所有的来球。如果来球是高于头顶的弧线球，要在前额的前方将眼、手套和球连成一条线，对准来球，等待球的下落。当球落入手套掌心时，要用双手抱球顺势回收至胸前。如果来球是与腹部齐平或稍低于腹部的球，双手需向前伸，手指朝下，用手套的掌心接球，把球压入手套内，然后双手顺势回收至腹部。

在接球时要做到：以双手靠近、手指向上接的姿势去接飞行高度高于胸部的球；以手指朝下接的姿势去接飞行高度低于腹部的球；对于接飞行高度平于腹部的球时，要迎球向前跑，使球的落点提高到上手接的位置，或原地下蹲，提高球的落点位置用上手接，还可以往后退使球的落点降低，用下手接；在接两侧的球时，运动员都要提前移动到正对球的位置，用正面手法接球以保证接球的准确性和稳定性，便于连接传球动作；在接飞行高度过高或过低的球时，运动员也应尽早移动到合适的位置接住或挡住来球，不让其漏掉。

（一）接平球的技术规范

接平球是最常用的接球技术，是一切接球动作的基础。平球是指沿直线飞来的，高度在胸部前面、头部以下，球速较快的球。运动员最好是在胸部前面，口、鼻以下的正面这一位置接住平球。所以接球人要随时移动脚步以保证将胸部位置正对来球。

1. 接球点

身体正对来球，双手置于胸前正中部位接球。

2. 接球手法

两手置于胸前，手心朝前，手指向上，打开手套，两眼注视来球方向。接高过腰部以上的来球时，需手指朝上，双手接球。同时传球手需放在手套的侧后方,眼睛看着球进手套,同时双手微微向后移动以卸掉来球的冲击力,把球捏紧;接低过腰部以下球时,采用低手接球的方法。手指朝下,双手接球,传球手放在手套斜上方做好护球的准备,眼睛看着球进手套,同样卸力并把球捏紧。接球的部位在虎口和掌心之间;如来球高度与腰平齐,可以略微下蹲,用接高于腰部的球的方法。

3. 步法

两脚移动要灵活,保持重心稳定,尽量在胸前接住来球。

（二）接高飞球技术规范

高飞球多是进攻队击球员从击球区击出来的球。接击出的高飞球时，首先要判断球的方向、高度、速度、远度，也就是我们所说的落点，判断好之后需快速移动到预判的落点位置，然后双脚开立与肩同宽，同时双腿微屈，正面对球，把手套放在前额前面，使眼、手套、球连成一条直线，但注意手套不要挡住眼睛，待球下落到前额时，用手套的虎口位置接球。投球手在手套侧面，起到保护作用，接球时双手顺势回收至传球手的肩上以缓冲来球的冲力，然后倒手做连接传球的动作。

1. 接球点

接高飞球，接球点在前额上方。

2. 手法

手套五指朝上，在手腕后仰接球时的瞬间需用两手微微回收卸力，右手在手套侧后方护球,这样有利于倒手取球。

3. 步法

接原地高飞球,两脚前后站立,左脚在前,身体重心放在右脚上(右手传球者)。

（三）内场手接地滚球技术规范

地滚球多是攻方击球员击出来的球，球在地面滚动或弹跳而来，球运动的高度大部分低于膝部以下，球运动的速度不定，因此会比较难接。接球动作为两脚分开略比肩宽，左脚略靠前半脚，双腿半蹲，略塌腰，手套往前伸，手指向下。手套掌心朝前迎球，待球触碰到手套时，顺势回收以缓冲来球的冲力，然后再由右脚向前垫步以连接传球动作。

1. 接球点

伸踏脚的内侧前方是最合适的接球点。接球最理想的时机是球刚反弹的一瞬间，其次为球反弹到最高点，再次为降落时，最不好接的球是球在上升点的时候。

2. 手法

手套五指向下，指尖触地，右手在手套斜上方，手掌张开，注意护球。接球瞬间两手顺势回收，同时右手要盖住球，并向身体方向收紧，做出缓冲动作以方便取球。双肘稍向内收，不能外展。

3. 步法

两脚跨在来球方向两侧，比肩稍宽，对准来球，右脚尖与左脚弓在一条直线上。两膝关节自然弯曲使重心下降，并稍向内扣，提臀，重心在前脚掌上，同时身体稍前倾，以手套可以碰触的地面为准。

第四章 棒球技术解析

55

二、传球技术规范

传球是棒球比赛防守中最重要的技术,是参与防守的相关球员之间战术连接的最主要手段,传球的速度和准确性直接关系到防守的成功与否。

传球技术包括上手传球、侧手传球和低手抛球,使用频率最高的是上手传球。

(一)握球

握球是传球前的开始动作,握球动作的标准与否关系到球员能不能把球传好、传准以及传出去的球是否有力。握球方法是食指和中指自然分开,两手指的第一节线压在球的上面横向的圆周线上,中间应留出可以轻松放入一个手指的空隙,小指和无名指应自然弯曲放在球的侧下方,拇指第一关节的内侧需卡在球的下方横向的圆周线上,同时虎口处也应留出一小空隙,不要紧贴在球上。

（二）传球基本动作

1. 上手（肩上）传球技术规范

（1）准备姿势。运动员面对传球目标站立，两脚开立与肩同宽，双膝微屈，脚尖向前或稍内扣。双眼正视传球目标，双手持球，置于胸前。

（2）起动动作。运动员支撑脚向身体正前方上一步，脚尖按45°角的幅度外展；伸踏脚随着身体的转动向前伸踏，同时身体重心移至支撑腿，形成侧身的姿势。伸踏脚迈出的同时，两手需分开，自然下垂，经腹前向身体两侧伸展，手臂自然放松抬起，手心向下。

（3）传球。运动员伸踏脚向前伸踏，身体重心前移；在伸踏脚落地的同时，支撑脚前脚掌发力蹬地旋转，转髋转体。同时前导臂迅速屈臂收向腰侧加速身体旋转，持球手随着转体翻腕，掌心向上，向前摆臂，大臂、小臂、手腕、手指先后发力将球传出（如同鞭打动作）。

（4）传球后随挥。传球臂随摆，摆向异侧腿的膝部，然后上身自然前倾，两眼盯着传球目标。支撑脚随着传球动作自然抬起和落地，两脚成左右开立的姿势，与准备接球的姿势相同。

2. 侧手传球的技术规范

（1）动作要领。运动员接到球后，需避免站起，要保持低重心。右臂前摆时，右脚向后蹬伸，左脚顺势向传球方向迈出半步，右脚按照蹬地→转髋→送髋→转腰→转体→转肩→带动肘→甩臂→送腕的步骤把球传出去，同时身体重心应移至左脚，肘关节快速向前送出，带动前臂快速前摆。这时手腕后屈，掌心向外持球，当右手摆至身体右前方时，手腕和手指模仿抽鞭动作将球甩出传球，球出手后，右臂继续随球出手方向摆动。

（2）注意点。

①重心要从右腿移至左腿。

②传球动作要简练，动作幅度不能过大。

3. 下手传球的技术规范

（1）动作要领。

①接到球后，两眼需马上注视传球目标。

②左肩对准传球方向，上体保持前俯的接球姿势，重心要保持平稳，避免抬起。右臂后摆引球，前臂向后拉开，同时右肘向后抬高，掌心向下，手腕放松，左手自然弯曲于胸前，右臂前摆时，手腕后屈，肘关节先向前摆，带动前臂和手腕，模仿抽鞭动作把球传向目标。

③球出手时，球从左膝关节的右前方脱手，右臂随球出手的方向跟进，左脚一般不做伸踏动作，右脚向右迈出一步，以维持身体的平衡。

④接球点最好在右脚前方，出手点在左膝关节处。

（2）注意点。

①重心不要起伏。

②左脚不做伸踏。

③右手臂后摆幅度不要过大，动作要简练、快速和干脆。

④转髋要及时。

4. 正手抛球的技术规范

（1）动作要领。

①用全掌握球，以避免球旋转。

②上体对准传球目标，右手臂引球于体侧。

③右臂贴近体侧，直臂由后经下向目标前摆，动作须柔和、轻巧，以便缓冲球速。

④当右臂即将摆至指向目标时，右臂要保持舒展姿势，然后松开手指把球抛出，球未出手前不要屈肘和屈腕。

⑤抛球时，手腕放松，掌心向前。

⑥球出手后，右腿要顺势往前跟。

（2）注意点。

①球出手时，不要屈肘、屈腕和勾指，手指要有下沉的感觉。

②不要原地静止抛球。

③球和手套要分开，以便于接球者观察到抛球的动作。

第四章 棒球技术解析

5. 反手抛球技术规范

动作要领如下：右手持球于左膝，肘屈于体前，掌心向下，要全掌握球。抛球时，眼睛看目标，手腕放松，右臂由下经体前直臂向目标摆出，当右臂摆至即将指向目标时，松开手指将球送出，用手腕的力量而不用手指的力量，同时身体重心移至右脚。

第三节　各位置的防守

一、投手

（一）第一道防线

投手正常的防守站位在内场的中心，这个位置是面对击球员的第一道防线，换句话来说，投手距离击球员的位置最近。在这种情况下，对于攻方击出的中路方向的地滚球，投手无论是接住还是挡住，都会有充足的时间选杀攻方垒上各垒的跑垒员。如果遇到攻方击出急速的地滚球，当投手接住球时，各垒位的防守队员还没有来得及上垒时，投手可以向传球方向垫两步，等队友上垒后再传球。

（二）协防的注重

投手没有自己防守的垒位，所以当攻方击出其他防守位置的球时，投手要根据场上的局面以及队友传球的指向，协助各个垒位进行防守，这其中主要包括补垒位和补漏两个环节。

说明：补垒和补漏的协防意识适用于场上每一名防守队员。任何一个垒位空了，距离最近的队员就要有意识地去"补垒位"；只要有防守运动员接球，不论是接攻方击出的球还是接队友传出的球，都必须有人去"补漏"或称保护。在这里仅以投手举例说明。

1. 补垒位

补垒位是指当任何一个垒位上的防守队员因为接球不在垒位上，其他队员又无法补位时，投手要补向空着的垒位，以防攻方队员伺机进垒。

（1）投手补一垒。对于击向一、二垒方向的球，投手应首先主动争取接到球。如果没有接到球，应当顺势补一垒位。跑动路线是经一垒垒线内侧弧线跑动到一垒，接同伴传来的球，然后用右脚踩垒包的内侧，并转向场内，避免和击跑员相撞。如果其他垒位有攻方队员，投手则要抬头观察攻方跑垒员是否有进垒的意图，以方便做好传球准备。

（2）投手补本垒。当本垒的接手离开垒位接球，而且攻方队员有进本垒得分的意图时，投手就要快速补到本垒垒位上，使身体面对来球方向，等待接传回本垒的球。

2. 补漏

补漏是指到接球队员的后面进行保护。补漏不要距离接球队员太近，以防止队友与自己双漏接。

示例一：在一、二、三垒都没有进攻队员的局面下，击球员击出一、二垒方向的长打球（二垒打以上），为了防止攻方队员的连续进垒及三垒手接球失误、避免对方得分，投手要马上补到三垒手的后面保护；如果外场手漏接，则投手需要补到本垒的后面保护。

示例二：当一、二垒有攻方跑垒员击出了左外场和中外场之间的安打球时，投手要到三垒和本垒之间，如外场手传向本垒，投手即应该到本垒后保护；如果外场手传向三垒，投手就应到三垒垒位后保护。

二、接手

接手的防守位置在棒球场本垒的一角，是进攻队最后得分的位置，也是防守队和接手必须死守的位置，接手的任务是：接住投手所有的投球；协助投手配球；传杀偷二垒的跑垒员；指挥场上的防守任务；鼓动全场防守球员的斗志；守住本垒不让对方得分是接手的职责。

（一）全场防守的指挥者

接手的防守位置非常特殊，是在直角扇形场地的顶角上。在九名防守队员中，只有接手能够清晰地看到全场的局面，因此接手要具备指挥全场的能力。

1. 防守阵型的调整

接手通过呼喊、手势以及暗号指挥全场或某个位置站位向左或向右移动，趋前防守（距离击球员比较近的防守站位通常称为"浅守"），或趋后防守（距离击球员比较远的防守站位通常称为"深守"）等。"深守"或"浅守"一般是根据场上局面以及击球员的击球力量决定的。

2. 对队友的引导与提醒

在攻方球员未击球前，接手需大声提醒其他球员注意当时的场上局面，比如，对于哪几个垒位有跑垒员，接到球后传向哪里等这些情况，接手都应该提醒到位。在攻方队员击出球后，由于防守队员在接球时无法看到垒上的局面，因此接手要大声提醒队友传球目标。

3. 对接力传球的指挥

接手在回传本垒的接力传球时，要指挥中间接力者调整站位，使其与外场和本垒形成一条直线以保证回传球的距离最短。

4. 对比赛节奏的掌控

在比赛中，当本队运动员防守时出现紧张、忙乱、失误等情况时，接手作为全场的指挥者，应当通过鼓励、指挥以及带动全场加油等方法，以控制和稳定比赛节奏，待队友情绪稳定后，再将球放到击球座上继续比赛。

（二）了解对方击球员的特点

接手在对方第一局轮击时，要特别留意每一个击球员的特点，比如，击球远近、击球落点等方面，以便于及时提醒队友集中注意力，加强防守。

（三）接手补位

1. 补一垒

接手补一垒指的是给一垒手补漏而不是补一垒垒位，因为二垒和投手距离一垒垒位比接手要更近，可以更快地上垒补位。

接手一垒补漏的条件有以下两种情况：

（1）二、三垒上没有进攻队员（攻方队员没有可能跑回本垒得分的局面）。

（2）攻方击出一、二垒方向或游击手偏向二垒垒包方向的地滚球。

2. 补三垒

在三垒手不在垒位上，游击手和投手都没有补位，而攻方队员有可能进至三垒的情况下，接手要到三垒垒位上补位。

（四）接手技术要领：接球技术，堵杀技术

接手接投手投球的地点在本垒板角尖的后边，防守时在本垒的前面接球和堵杀。接投手投球前要发暗号，击球员击出球后要在本垒板前指挥和防守。

1. 发暗号

双腿全蹲，两膝向外分开，左手手套放在左膝前面，以挡住暗号不被三垒指导员看到。右手放在两腿根处发暗号，暗号一般是出手势发给投手，提示投点和球性。

2. 接球前的准备

暗号发出后，投手确认，合手，准备投球时，接手由全蹲变半蹲，左脚比右脚略向前半脚，身体仍处于正面对投手姿势。手套略前伸，摆出接球位置给投于目标，右手半握拳自然弯曲放在手套后面，保持静止注视投手投球。

3. 接球

投手投出球后,两眼紧盯来球,击球员挥棒,棒在眼前晃过时绝不能眨眼,手套略微往前伸以手套掌心迎球,等球进手套的瞬间,右手在手套拇指后面保护手套不被打翻,同时双手顺势回收缓冲球速,右手抓手套里面的球,握好取出,准备传球。如垒上没有跑垒员时,接球后可稍有静止,特别是接球点有变化时,手套要在好球位置处静止一下,以方便让裁判看到是好球,以免被误判为坏球。

4. 对跑垒员的堵杀

接手接球的同时有可能会遇到跑垒员冲回本垒，这时接手需利用护具保护自己，用球触杀跑垒员，用护腿单腿跪地双手抱紧球，身体紧缩，以单肩顶住跑垒员，用球触杀跑垒员，保护好球让其不被撞掉，然后拿出球向裁判示意，以证明触杀成功。

5. 回传投手

垒上无人时，接球后可以由半蹲起立，自然放松传球到投手胸前，一定要传准，让投手轻松地接到球，尽量减少投手的额外负担以保存体力，以便于其投好每一个球。

6. 接手向各垒上传球

垒上有跑垒员决定要传杀时，首先要在投手投球前与投手和接杀队员通过暗号联系好，如果传杀一垒，跑垒员要与二垒手、游击手联系，如果传杀二垒，跑垒员要与三垒手及游击手联系，接球后应立即以伸踏或垫步躲开击球员，快速传给预计传杀的位置。传杀时要坚定。如跑垒员不跑，则不执行这次传杀，如跑垒员意外盗垒，则要根据局面形势果断地进行传杀。这是一整套防守技术，作为接手，必须经常按教练的安排定期操作练习，以达到熟练的程度。

三、内场手

内场手的传接球,一般多为接地滚球后向各个垒位的传球,但是更多的是接传来的球和传给同伴的配合传球。接击出球的机会比较少,都是在每一个局面的开始,击出球通常来得很突然,可能会从任何方向飞来,因此,运动员必须要练好接地滚球的技术和养成精神高度集中的习惯。

(一)一垒手

一垒手的主要任务是防守一垒垒位。一垒垒位是攻守双方争夺的焦点。守方守住一垒不给攻方侵占,就可以避免攻方得分取胜。因为攻方只有侵占了一垒才有可能继续进垒得分。一垒是进攻取胜入门的第一关。因此在棒球比赛中对一垒的防守要求非常高。要求一垒手要有很好的接球技术和很强的控制能力,在选材上要选择身高、腿长、手臂长的选手,为的是使他能扩大控制范围。并且最好是左投队员，这样他可以轻松地向场内传球。

一垒手需要掌握的最主要的技术是接传来的球以及封杀击跑员。一垒手的基本站位是在一垒位右后方5~7米的地方。这样站位是为了防击出的球，控制左侧到垒线外3~5米，右侧到垒线外5~7米的范围，在这个范围内的球，一垒手都要去接，然后转体传给补进一垒位的二垒手或投手。击跑员击出场内的地滚球时，所有内场手接球后都要很快地传给一垒手，一垒手在击球员击球成功并且确认不是击向一垒方向的球后，应立即跑向一垒垒位，同时眼睛注视接球人，单脚踏垒，身体朝向接球人并且把手套伸出，在给传球人提供传球目标的同时还可以呼喊传球人，以声音提醒传球目标，当传球过来时接球手应尽量向前伸，自由脚向前迈出一大步，以缩短接球时间和距离，尽快接到来球。接球后踏垒脚迅速收回，离开垒包，以免被跑垒员冲撞，然后立即做下一个传球动作。若传球不准时，一垒手可以离开垒位尽一切努力接到来球。一垒手应保证球不能漏出，接到球后再去踏垒；接偏左的球时一垒手要向左移动离开垒。接球后对正在跑向一垒的击跑员做触杀动作；接过高的球时可原地跳起，接到球落下来时可单脚落在垒位上，封杀击跑员；接偏向右边的球时要快速离开垒位，接到球后迅速跑回垒位踏垒，封杀击跑员；接正前面较远的球时一垒手要争取以竖叉姿势去接，无论如何绝对不能漏球，否则击球员不仅可以安全上一垒，还可以继续进到二垒或者三垒。因此一垒手不仅需要具备高超的接球技术、快速移动能力和在眼睛不直接看垒位也能根据场线和二垒的位置在背后能判断到并踏上垒位的能力，甚至还需要会劈竖叉，以保证接前面的球而不离开垒位。一垒有跑垒员时，投手上板，一垒手站在垒包上准备接投手传来的牵制球，当投手不牵制而向击球员投球时，一垒手则需要迅速跑回防守位置，准备接击向一垒的球。

此外，一垒手还要参与补位和接力。

1. 补本垒垒位

当本垒垒位没有防守队员时，一垒要到本垒补位。

2. 补二垒垒位

当进攻方击出长打时，一垒手要先观察击跑员是否踏垒，然后跟着跑垒员补位到二垒垒位。

3. 接力

当击球员击出中外场或右外场的安打球时，一垒手不需要再防守一垒垒位，而是首先确认攻方队员上一垒时是否踩垒，然后参与外场回传内场的接力传球，协助其他垒位防守。

（二）二垒手

防守位置在内场的中路、投手的后面，这一地方是内场的防守接球与传杀和争夺最多的位置。二垒手的任务是接击球员击向中路的地滚球，向一垒和其他垒位传杀以及防守二垒堵杀盗向二垒的一垒跑垒员。此外，二垒手还需参与二垒、一垒的双杀。当球击向一垒方向时，尤其是一垒前的短打，二垒手要补一垒。

（三）游击手

游击手是防守中路的重要场员，防守位置在内场中路和二、三垒之间连线后3~5米处。

1. 任务

接击球员击向中路二、三垒间的球,特别是接从投手右侧穿过投手的球,再向一垒和其他垒位进行传杀。

(1)为三垒手防守接球包抄补位。

(2)为二、三垒间防守补位、换位,参与双杀。

2. 技术特点

接强烈地滚球连接快速传球,移动范围要大,移动速度要快。

第四章 棒球技术解析

79

（四）三垒手

1. 防守范围

三垒手的防守范围为：右侧在三垒位置到线外围网处，左侧到三垒侧10米左右，与游击手的放手区域相互交叉；三垒手的基本站位是在三垒位后方5~7米处，退后一些是为使控制范围更大，也可稍减缓一些球速。

2. 位置特点

三垒方向是击球落点最多、球速最快、变化最多、接球难度最大的位置，向一垒传球时的路线也最长，因此三垒手必须要有很好的接球技术，要反应快且臂力足，还要敢于接球。因此有人称三垒手为"亡命徒"。三垒的防守也是非常关键的垒位，右击打球员最多，击球方向多在三垒方向，在三垒方向接击出的球的机会也最多；跑垒员达到三垒后，就接近得分了，因此如果能防住三垒，争取在三垒前或在三垒上击杀掉跑垒员，将是对防守的最大贡献。

3. 防守技术

当确认击球员在三垒方向击球成功时，三垒手要快速向侧前移动到来球方向以方便能够正对来球。然后三垒手需下蹲接地滚球，用交叉步、垫步调整脚步，快速将球传向要传杀的垒位，然后回到三垒垒位准备下一步的防守动作，特别是防守二垒跑垒员的进三垒；如果外场有传杀本垒时，要移动到与本垒相连的路线上，参与中继传球和补位配合。

同时，三垒手也需要参与接力，当二垒有跑垒员时，击球员击出左外场方向

的安打。三垒手要站在内场区域、左外场手与本垒的传球线上进行接力或拦截。

（五）小结：内场防守的基本原则

1. 对局面的事先了解

内场手在准备接球前，要清晰地了解场上的局面，这样接到球后才能够迅速处理。

2. 快速而有序地完成动作

内场手的防守需要做到接得稳、倒手快、步伐熟、传得准，各个动作环节的完成过程要做到快速而有序。初学者往往还没有接到球就看对方的跑垒员，这样非常容易造成失误。

3. 对地滚球与腾空球的重视

要处理好三角区的地滚球和腾空球，即三个防守队员形成的三角区域间的球。在比赛中经常会出现三人互相让球和争球的情况。三人接球的原则是"谁最方便谁接球"。接球者同时要大声告诉队友"我的！我的！"当然，这需要球员们在日常的训练中逐步形成默契。

4. 迎球接球速度的讲究

尽可能快速地向前迎球接球，争取时间。棒球比赛的场地垒间距是27.43米，跑垒员大概平均在4秒左右的时间就可以跑完。也就是说，内场手要在4秒的时间里，完成判断、移动、接球、传球等一系列动作。其中任何一个微小的失误，甚至接球稍稍慢了一些，都会使对方能够安全上垒。

四、外场手

外场手的防守范围是整个外场区，是防守的最后一道防线。

（一）外场手的特点

外场手包括左外场手、中外场手和右外场手。三名外场手防守的范围非常大，所以外场手需要具备三种应对能力：臂力强、奔跑速度快以及准确的判断能力。

（二）外场手的防守站位

外场手与内场手防守位置不重叠，外场手在防守时，应站于两名内场手之间的空当处，以避免与身前的内场手出现重叠站位。

（三）接球特点

在大多数情况下，外场手接的都是高远球、内场漏过的快速地滚球或跳跃球，而且来球多数是突然的变化不定的球，因此要求外场手的注意力高度集中，增强补位意识，主动配合、提前到位。

1. 接高球

在判断是朝自己防守范围方向飞来的球后，外场手要立即根据判断出的来球方向和落点位置迅速跑动到位，然后站住，双脚开立正对来球，使眼、手套、来球连成一线。外场手要用手套迎球，传球手保护手套，球进手套时，双手顺势回收缓冲球速，接球前要预判传球的位置，以连接好传球动作。外场手接球后，需快速将球传出。因为外场手接到腾空球后可直接判击球员出局，所以如果外场手能在比赛中克服困难接到难接的球，甚至飞身鱼跃蹬上挡墙，接到难接的腾空球，破坏掉对方的安打、本垒打的球，将会使本队有很大可能赢得比赛。外场手接球时，三个外场手要互相支援和配合，一个外场手迎接来球时，另外两个外场手要跑到他的背后或侧面，帮助他判断落点的位置，然后发出口令以协助他判断，这样才能保证外场的整体性，使防守战术起到良好的效果。

2. 接地滚球

外场手包抄内场手漏接的球都是地滚球或弹跳球，从漏接到接球的位置之间要保持一段距离，外场手要迎球跑到接球点正面接球。若是地滚球，外场手则需要单腿或双腿跪地，身体正面对球接球。一旦球路发生变化，外场手则要用身体挡住球，做到绝不能漏球。等到接到球后，外场手应立即调整脚步连接传球。

3. 传球

外场手的传球是在接球的同时准备和连接下一个传球动作。接到球之后，外场手应立即将脚步调整为跑步交叉步或跳步交叉步将球传向预定的目标。为了使传球更加快速以及避免失误，外场手需要面向场内，传球时要传出快速平直球，落点需在与接球队员之间的四分之三处或五分之四处。接球人要看清球的方向、落点和球弹起的情况以便于快速稳妥地接到球，进而保证更好地完成战术配合。

（四）外场手的补漏

1. 身前的地滚球

当任意一名外场手趋前接地滚球时，相邻、相近的外场手要到接球者身后补漏。

2. 高飞球

当任意一名外场手接高飞球时，相邻、相近的外场手要贴近接球者补漏。如果队友失接，则补漏的外场手要尽可能地在球未落地之前将球接住。

3. 穿越外场手的球

遇到穿越外场手的球时（本垒打线附近的球），一名外场手接球，相邻、相近的外场手要站于接球者和内场手之间补位；同时由于接球者是背向内场向外奔跑着去接球，因此很难迅速制动并做长距离传球，所以补位的队员要靠近接球者站立，以争取在最短的时间内将球传回内场。

4. 为内场手补位

当内场手接球时（无论是接击出的球还是接传来的球），外场手要到内场手传球的延长线上去补位，以防止内场手漏球、失接。

第四节　进攻技术

一、击球技术动作练习方法示例

打击，简单来说就是"挥棒把球打出去"。虽然打击说起来简单，但击打率达到33.3%的球员已经算是一流的选手了，而那只不过是在三次打击中成功一次而已，更多球员则是在十次打击中有七八次无功而返，成功率是很低的。所以说棒球打击几乎是棒球运动所有技术动作中最困难的，因为它必须在极短的时间内完成高技巧的动作。当投手投球从出手到接手接到时，最快的约仅需0.3秒，慢的也仅需0.5秒，在这个非常短暂的时间内，球员需要判断出球的好与坏，然后才能开始挥棒，还要按顺序把动作完成，并且需要把球击至最佳的位置。所以球员必须经过大量的训练才能把打击的成功率提高。

（一）握棒的方法

1. 基本握棒方法

首先需将球棒的商标与人正面对准。因为商标图案文字都会印在木棒纹路的横切面上，若以商标面击球，则球棒就很容易被打断（金属球棒例外）。击球员应先把双脚与肩同宽站立，身体微微弯曲，把球棒头部放置于地面，并使球棒与地面约成45°。然后击球员需自然把双手手掌打开（右手打者右手在前、左手在后），以球棒握端处放置于所有手指中间，并且把拇指向外伸张，手指自然并拢，再将所有手指握住球棒，做出类似于绞湿毛巾的动作，握棒时不必太用力。最后击球员再自然放松地把球棒提起。

把球棒提起后,双手握棒的方式可分成以下三种形态。第一种:以右手指的第二关节与左手指的第二关节的中间部分成一直线;第二种:以右手指的第二关节与左手指的第二关节和第三关节的中间部分成一直线;第三种:以右手指的第二关节与左手指的第三关节成一条直线。

以上三种握棒方式是右打者的握法,如果是左打者则需反过来。双手握棒方式差异的产生,主要是因个人习惯动作的不同而呈现出来的差异。对于打击预备动作来说,双手握棒动作必须轻松自然,而在挥棒击球时,才需要紧握球棒,但不可过分用力,否则会影响手腕的灵活性。

2. 长打型握棒法

击球员双手握在握柄的末端,也是所谓长打者的握法。这种握法是将球棒的重心置于球棒的前端,当球被击出去时,其反弹力非常强劲。但是,由于握棒的位置与球棒重心的距离比较远,挥棒所需要的力量也就更强,所以强打者必须要有很强的力量。

3. 短棒型握法

这一种方法是握在握柄末端以上的部位,这也是所谓的短握法。这种握法因为手和球棒重心距离较近,挥棒比较省力,也比较快速。当对方投手球速比较快而打不到球时,击球员就可换短握棒应付。

(二)举棒的姿势

1. 直立式举棒

直立式举棒是指将球棒与地面垂直约成90°角的举棒姿势。这一类型的举棒姿势在打击预备时双臂会比较放松,但挥棒时会受棒头重量影响,容易打低球,较难打出高球,因为挥棒过程像画一个"U"形,若非高度协调性,击球不易准确。

2. 后斜式举棒

后斜式举棒是指球棒举起与地面约成45°角、斜向后方的举棒姿势。一般而言，这一类型的举棒姿势无论是对于高球还是低球都能迅速出手挥棒。

3. 平横式举棒

平横式举棒是球棒与地面约成平行，球棒水平指向后方的举棒姿势。由于平横式举棒不好控制高球与低球，因此很少有选手使用这一举棒方式。

（三）打击准备姿势

打击准备姿势是指击球员手握球棒，站上击球箱等待投手投球的姿势。这一姿势并没有绝对标准，完全是因人而异。打击准备姿势站姿的主要目的，是使击球员发挥出最佳打击状况，所以这一姿势没有一个标准版本。

（四）站立的位置

1. 距离投手较近的站法

击球员打击时站位距离投手较近，无形中缩短了投球距离，使球速相对加快，对挥棒慢的击球员较为不利，因此挥棒较快的击球员可在来球改变路线前把球击出，以避免被变化球欺骗。所以出手挥棒快的打者在打击时适合站立在离投手较近的位置。

2. 距离投手较远的站法

击球员打击时也可站在距离投手较远的位置，这样可使投球距离拉长，击球员也会有更长的时间去选球打击。这种站位方法比较适合于出手挥棒慢者，便于其打击快速球。这种站位方法的缺点是击球员比较容易受到变化球的愚弄。

3. 离本垒板较近的站法

这种站位方法适合于那些主要需应付善投变化球的投手的击球员使用。由于对本垒板涵盖面大，因此使用这种站位方法对于击球员打击远离身体的变化球来说更为有效。站位距离本垒板较近的击球员可以利用上半身覆盖本垒板，这样能使投手更难于投球。

4. 离本垒板较远的站法

这种站法使击球员的击球点推远，可以增加击球员对球的观察和挥棒的时间，而且这种站法会使投手觉得目标宽大，使投手难于投球。但是这类站法不利于打击外角球，尤其是偏外的变化球。

5. 中间的正常站法

以上的站法可以交替使用，用以扰乱投手投球。在正常的情况下，击球员的站立位置以能控制整个好球区为佳，大约是以左手握棒子的把端，用棒头的顶端触着本垒板外侧约6厘米处，然后双脚和身体采取打击预备姿势最为适合。

（五）伸踏的类型

在击球箱内确定了站立的位置后，还需要决定踏步的步法。一般击球员双脚与本垒板的平行关系可分为三种方式的步法。

1. 开放式站法

开放式站法是指击球员右足较左足更为靠近本垒板的站立方法。这种站法能使击球员更清楚地看到球，而且能让击球员的腰部因动作而提前打开，所以可以使击球员出手较快，有利于击打快速球。开放式站法的缺点在于：由于在这种站法下击球员挥棒所形成的弧线较短，如切球状般挥击，且腰部不会激烈扭转，所以较难出现长打，对于外角球也比较不好打击。

2. 封闭式站法

封闭式站法是指击球员左足较右足更为靠近本垒板的站立方法。这种站法对击球员打击外角球比较有利，而且会使击球员在打击时腰部扭转，左手拉引和手腕挥拉的力量较大，所

以容易致使长打的出现。但是封闭式站法的缺点是，由于在这种站位方法下击球员颈部会极端扭转，导致视线范围小，不易看准球，再加上棒子挥击弧线较大，较难吃中球心，所以会致使击球员对于内角快速球的打击能力较差。

3. 平行式站法

平行式站法是指击球员以两足平行的姿势站在击球箱内，与本垒板保持近乎平行的站位方法，是可以自由地击打任何路线球的姿势。之前的开放式站法与封闭式站法均有其缺点，而平行式站法则不失为折中的站法，缺点较少。所以右击球员对右投手或左击球员对左投手时均应该采用平行式站法，这样会比较容易击球。而右击球员对左投手或左击球员对右投手时，则应使用封闭式站法。另外，如果击球员的惯用手和主视眼都在同一边，则应当采用开放式站法。

（六）击球的基本动作

1. 引棒后移的提前与伸踏步

击球员配合投手的动作分别做出稍弯膝盖、扭腰、重心往后移等动作，这就是引棒的动作。球棒向后移动时一定要加上反动，并配合投手的动作来控制球速、设计球路、找节奏等。当计时完成之后，击球员需把后移的重心随着向前伸踏出的足部来移动。这时，每个人伸踏出的步幅是有个别差异的，要点是伸踏步不能过大，踏步过大会造成重心上下移动，导致视线不稳，降低吃球的稳定性。踏步以后的足外踝一定要朝着投手方向，如果趾尖朝向投手方向则代表身体打开过早，这样会导致击球时无法使用全力。

2. 转腰的完成

不管击球员的臂力有多大，都不能只用臂力就能打出远距离的长打，这时最重要的是腰部和肩部旋转动作的完成。击球员在踏出伸踏脚后随即应一面转腰，一面旋转膝关节，同时身体也要旋转。这时击球员的腰和手臂也会随着膝关节的旋转而回转，于是球棒将会移动至击球员身体的斜前方，即在腰的引导之下，手臂能够使力并迎接中球的一瞬间。但是，有一个要点需要注意：在前肩使力时不能将其抬起，否则会造成动作不稳定。如果在腰尚未旋转之前，肩抢先向前，则会导致击球员腰部无法旋转而致使挥棒落空，这样就会造成击球无力。所以使后肘能够移至肚脐前方时的挥棒打球力量是很强的。

3. 全力挥棒

在击球的瞬间，球员必须将全身的力气集中来挥棒。如果在击球之前使力，或者太早反转手腕都会使力量分散，从而无法做出最强有力的挥棒动作。同时，在击球的瞬间，击球员后手手腕必须要用力，要使后手产生往前推的感觉，同时要将自身身体大约60%的重量移至伸踏脚上。此时，击球员绝不能转头，要使其一直对着来球的方向，眼睛要一直盯着球直到中球以后。此外，击球员的后手前推后需自然地翻动手腕，以便于在中球后将力量集中往前送，但是要注意击球员的身体不能跟着往前趴。击球后，击球员需将球棒压住，顺势挥出去，以完成随挥动作。

（七）打击的练习方法

1. 空挥练习

空挥棒练习，这是最方便的打击练习方法，一个人只要有一根球棒就可以随时随地练习，而其最主要的目的正是填补击球训练上的不足。空挥练习虽然简单，但却是最基本的打击练习，如果球员每天都能坚持空挥一两百棒，那么日后必定会有成果。一开始空挥不要用全力，要等身体活动开之后，再慢慢加快挥棒的速度。练习时要认真，挥好每一棒，心不在焉或姿势不正确的挥棒，只会浪费时间。空挥时每挥一棒都要默认一个中球点，可以从正中直球开始，到后来可以把好球区分为九个方格，对着不同的球路空挥。熟练后，可以加入不同的球种，幻想不同的速度、不同的投手节奏来进行空挥训练。

2. 抛击练习

以两人为一组，一人打击，一人在侧面抛球。抛球者把球轻抛给打击者，使其完成连续的打击动作。在连续不断的打击过程中，抛球者需要一面抛球一面纠正打击者的姿势；打击者则需要在不断的修正与调整中掌握正确的打击动作。抛击最好可以准备一面打击护网以及大量的球，这样可以避免把时间浪费在捡球上，使练习效率提高。

3. 轻打练习

轻打，顾名思义就是把球轻轻地打击出去，轻打的目的是要熟练击中棒球中心的感觉。投手以较近的距离、较慢的球速，投出正式的投球，在这种情况下击中球并不困难，但击球员必须在任何时候都能击中棒球球心。击球员要抓得准击球点，甚至控制击球的落点，把球打到预定的防守队友手套中。轻打练习以四人为一组，每人轮流担任打击者及守备者。在轻打练习中需由一人担任打击者，一人担任投手，另外两人在投手左右两侧接球当野手。击球员不仅要打得正，还要打得准。因为球速慢，所以轻打练习正好可以训练球员看清球路、判断球入点的能力，而且由慢速球开始循序渐进地进行接下来的训练才能让球员渐入佳境。

4. 自由打击

即一位选手连续打击5~10分钟，投手用八分力投出各种球路，打击者则需根据各种状况，尽量将每一球击出。打击时要预先想好打击的方式、打击的落点，不要只是漫无目的地打击。野手此时亦可同时练习接高飞球或地滚球的动作。如果有发球机，对自由打击来讲则是最好不过了。

二、触击球技术动作练习方法示例

（一）触击球的基本动作

将球棒保持在眼睛的高度等待来球；从上至下击打球的上半部，让球落地滚动；掌握力度，让球滚到理想的地方；球员稳定自己的上半身，将球棒置于双眼之前；用屈膝的办法调整高低和球的方向；让自己在中球后能够马上起跑。

1. 准备姿势

保持左手五手指在棒尾不动，右手往上滑至距棒粗端1/3的距离，右手握棒时不能握得太紧，也不能太松。如果右手握得太紧，会导致击出的触击球冲力大，滚动得快而远，容易被防守；如果右手握得太松，棒撞击球时会晃动，容易使球员失去对球棒的控制，易造成小高飞球或界外球的出现，这样一来就不能完成战术意图了。

2. 脚的站法

先平行站立，当投手出手时，左脚横移，右脚跟上，形成左右脚平行站立，面对投手，或旋转后腿使身体正面面对投手。

3. 握点高度

右手握棒处的高度应在好球区的最高点。

4. 球棒的角度与球触棒的位置

球棒不要水平触球，棒尾要在下，棒头需在上。

（二）触击球的练习方法

（1）单手抓球

（2）单手触击

（3）双手触击

（4）触击球对抗赛

（5）牺牲触击、安全触击、二垒方向长触击、抢分触击的掌握

三、跑垒技术动作练习方法示例

跑垒技术主要包括四个方面：击球后的跑一垒、偷垒、连续进垒、滑垒与扑垒。

（一）击球后的跑一垒

击球员完成击球后，右脚需向一垒方向跨出一小步，左脚随后迈向一垒方向，上身前倾，步伐不宜过大，形成起动跑的姿势；击球员跑出三五步后，要将身体抬起，加大步幅，快速摆臂，沿一垒线和跑垒限制线冲向一垒；在接近一垒时，球员要将上体稍向右倾斜，以便于踩踏一垒垒包的外侧；踏垒后，球员需沿一垒线外侧冲出几步，然后返回一垒。

（二）偷垒

1. 离垒

离垒主要是和投接手斗心理的过程，有人以为离垒越远就越容易成功，在低水平的比赛中这一规则是成立的，但对于优秀的偷垒人来讲，离垒包太远对自己反倒是一种被动。原因如下：首先，离垒太远会造成投手的不断牵制，而回垒必须采用扑垒的方式才能保证安全，所以在投手连续牵制的时候会造成体力的过分消耗；其次，离垒太远时自己必须随时注意投手的动向，因为怕被牵制，反倒会影响自身的起动，因为你的精力都放在迅速回垒和偷垒两个问题上了，所以容易造成起动较慢；最后，由于投手有可能会注意到你离垒过远，所以他就会把投球的动作加快，从而给接手传杀留下更加充足的时间。

那么应怎么离垒呢？如果不打算偷垒，只想通过离垒造成投手的精力转移从

而使其投不好球，那么就应该在投手刚刚上板的时候就进行离垒，在对方合手以后通过余光看你的时候你更应该夸张地离开一大步，以使投手分心，此时你心里的想法是随时准备回垒，以免被牵制出局。

如果你打算偷垒，你需摸清投手的规律，离垒到安全距离，要看清投手合手以后大概几秒就做出了投球动作，然后自己需要在他即将投球前的一瞬间迅速起动。对于投手来说他是不会愿意破坏自己的投球节奏的，所以这时偷垒是良好的时机。

2. 对投手动作的辨别

优秀的偷垒运动员经常讲的一句话是，"偷垒是偷投手的动作"。为什么有的速度并不十分出色的选手可以经常偷垒成功呢？原因就在于这些选手辨别投手动作的能力是非常突出的。

看投手投球的起动动作时最重要的是看哪呢？答案是肩。也就是说投手的肩运动的开始就是你起动的信号。如果你的起动能和投手肩的转动做到同步进行，那么你就是掌握投手节奏的高手了。因为不管投手是牵制还是投球，他都要从肩开始转动，这也正好可以体现出他要牵制还是要投球。如果投手要牵制的话，你可以提前回垒，给投手造成难以牵制你出局的感觉，给你偷垒创造了机会。

3. 起动的动作关键

许多业余选手偷垒的时候并不知道哪个动作是最重要的，其实还是"肩膀"，在你起动的时候应该是肩膀以最快速度转向你盗垒的方向，伴随的是腰腿力量的运用。很多人过分注重转腰的动作，再看都跑出一步了肩膀还没有完全转过来呢，这就会影响起动时最重要的初速。

可以发现短跑运动员在起动时脚不是向侧后方发力而是正后方。同样地，在起动的前四步球员的腿要像滑冰动作似的向侧后方蹬，同时重心必须要低，这样才能发挥出腿部力量。

4. 途中跑

球员在途中跑时需用全力，同时可将重心放高一些。

5. 偷垒的附加值

有一个善于偷垒的运动员站在一垒往往会给对手造成很大的压力，因为投手需要集中注意力以防其偷垒，所以在投球时无法专心一致，在控球上就会出现问题。此外，对方投手还有可能为了防止他偷垒，只好被迫投直线球以便接手的牵制，这样则会使下一棒击球员比较容易打击。

另外一垒手的防守位置会因为投手的牵制而靠近一垒，从而造成一、二垒防守位置出现较大空间，或是二垒手与游击手为了配合接手传杀二垒而移动原来的站位，这些情况的出现给下一棒打安打提供了机会（特别是地滚球），所以说这也可以算是一种附加值。

6. 小技巧

以下是对偷垒有利的情况：投手动作较慢；投手用右手投球；投手采用的是侧投或下投方法；投手是善于投以变化球为主的投手；三垒有人；左打选手正在进行打击；接手配的是内侧变化球（当然要能偷看到接手暗号）；接手赛前练习传杀状态较差；游击手站位靠近三垒；投手愿做牵制球等情况。

（三）连续进垒

当击球员击出多垒的安打时，就会出现击跑员和跑垒员连续进垒的局面。连续进垒时，为了保证上垒速度，击跑员或跑垒员在跑动中不能边看球边跑垒，但必须要看跑垒指导员，以便于听从跑垒指导员的指挥。在跑进一垒时，击跑员要看一垒指导区的跑垒指导员；跑进二垒或三垒时，跑垒员要看三垒指导区的跑垒指导员。

连续进垒通常采用"P"形跑垒方法，即跑垒员在接近垒位大约10米左右的距离时，向垒线外侧跑出一个弧线，身体向内场倾斜，以克服离心力；进垒时跑垒员需踏触垒包内角然后冲向下一个垒位。

（四）滑垒与扑垒

即将到垒的时候如果球员采用滑垒，那么要注意在最后几步的时候上体要靠后，以保证滑垒的顺畅；如果采用扑垒动作，那么在最后几步的时候球员需将身体重心前移，最好不要"趴"在地上，因为那样容易伤到腹腔。

1. 坐滑式滑垒

坐滑式滑垒是经常用的滑垒方法。进行坐滑式滑垒时需用A腿去蹬垒垫，然后B腿折起来垫在A腿下以起到刹车作用。如果在击球员采用的方法中A腿是左腿的话，则这一滑垒方式的优点是可以使跑垒员背对接手来球，这样如果防守队员没接到球，球也只会击打到击球员的背面，不会造成太大危险性（可避免面部受伤）。但这样的缺点是击球员必须直线到达垒位，无法绕滑；而如果在击球员采用的方法中A腿是右腿的话，那么其优缺点和前者正好相反。

2. 扑垒时时间的掌握

扑垒时要掌握好做动作的时间，过早或过晚都达不到好的效果。另外击球员可以利用离开垒线0.9米的空间进行绕扑，这是非常实用的。扑垒的动作要点为：击球员不可减速；尽量做到胸先着地；不可膝部先着地；要注意避免手部受伤，因为击球员在扑垒过程中容易闭眼，所以常常注意不到手指受伤潜在的危险。

第四章 棒球技术解析

第五章 棒球战术

所谓棒球战术就是尽力得分和尽力遏制对方得分的过程。棒球的基本战术分为进攻战术、防守战术。防守中的战术一般都是针对进攻战术而制定的。

第一节　进攻的基本战术分类

一、上垒战术

在进攻中，上垒是第一目的。
（一）选球
（二）第一球的击打
（三）最后一球的击打
（四）自由击球
（五）上垒触击

二、进垒战术

（一）偷垒
（二）牺牲触击
（三）跑而打
（四）牺牲打

三、得分战术

（一）抢分触击
（二）牺牲高飞球

第二节　防守的基本战术分类

一、防单偷
二、防双偷

三、故意四坏球

四、防牺牲触击

五、防上垒触击

六、防抢分触击

七、双杀战术

八、要出局数战术

九、防打而跑战术

十、防跑而打战术

第三节　进攻战术的运用方法及种类

一、垒上无人的情况

当垒上无人时，可分为自由击上垒、触击上垒、四环球上垒等多种方式。

二、一垒有人的情况

当一垒有人时，可分为以下四种情况：偷垒；牺牲触击；跑而打；牺牲打。

三、一、二垒有人的情况

双偷垒；牺牲打；牺牲触击球；跑而打。

四、一、三垒有人的情况

双偷垒；三掩一偷；一掩三偷；延迟偷垒；牺牲触击球；牺牲打；跑而打；抢分触击球。

五、二、三垒有人或三垒有人时的情况

二掩三偷；牺牲高飞球；抢分触击。

第四节　棒球战术综合示例

由于进攻局面的多种变化，防守也必须选用多种变化的技术和战术及各位置的互相配合，同时运动员还要坚持经常进行基本技战术的意识训练，因为打好基础是完成战术的保证。

教练员会用教练棒向各位置打出不同球性的球，各位置运动员接球后需按指定战术要求向指定的垒位传球，然后相关位置运动员需配合接杀。每一位置防守球员都要按照战术要求移动，并配合到位。

各位置代码、符号、中文说明：

中文	投手	接手	一垒手	二垒手	三垒手	游击手	左外场手	中外场手	右外场手	代打
代码	1	2	3	4	5	6	7	8	9	DH
符号	P	C	1B	2B	3B	SS	LF	CF	RF	DH

一、进攻战术

良好的战术素养和战术运用能力是取得胜利的重要因素。

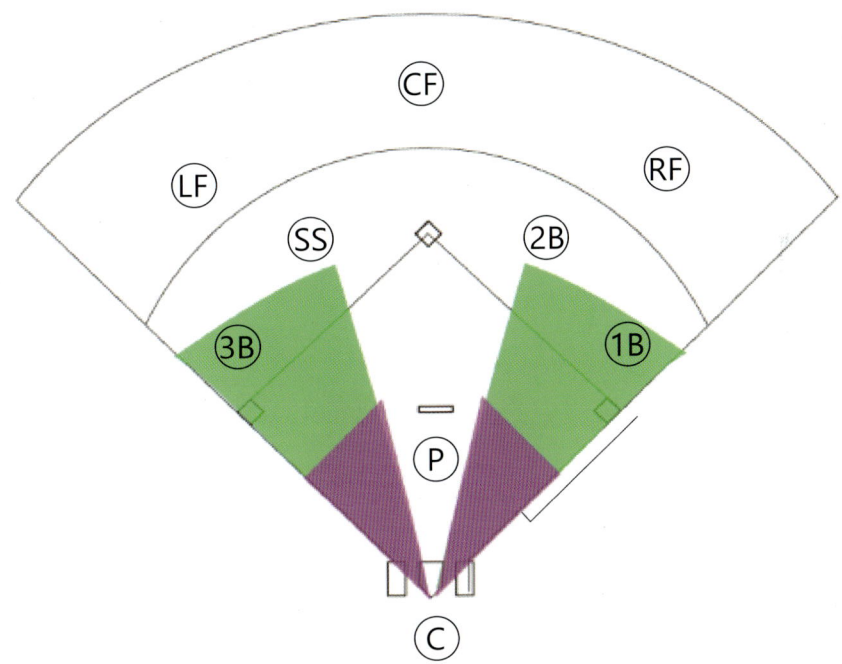

① 在棒球比赛中，进攻只靠打击，最多30%上垒率得分的概率较低，如果结合触击、偷垒、跑而打、抢分等战术会提高上垒得分的概率。

② 牺牲触击球，要打在球的上半部，确实成为地滚球并滚动到有效区域，最重要的是运动员要有90%以上的成功率。

③ 跑打战术为避免双杀，用强烈的地滚球，攻击一垒、二垒间和三游间。

（一）理想中的跑一垒路线

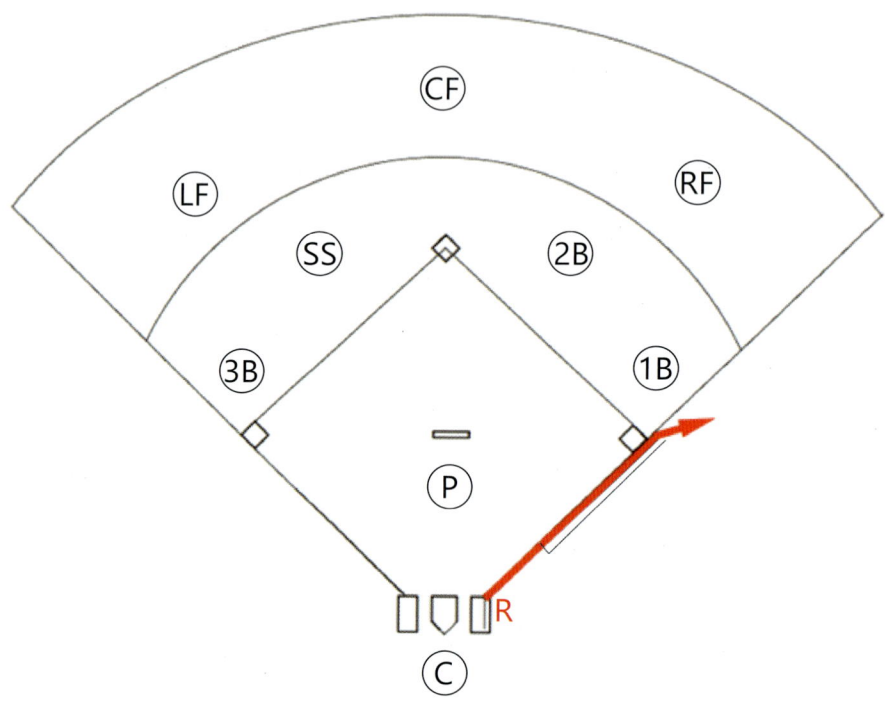

① 击球后跑一垒时，应跑限制线。
② 击跑员踩一垒垒包外半部。

（二）理想中的跑二垒路线

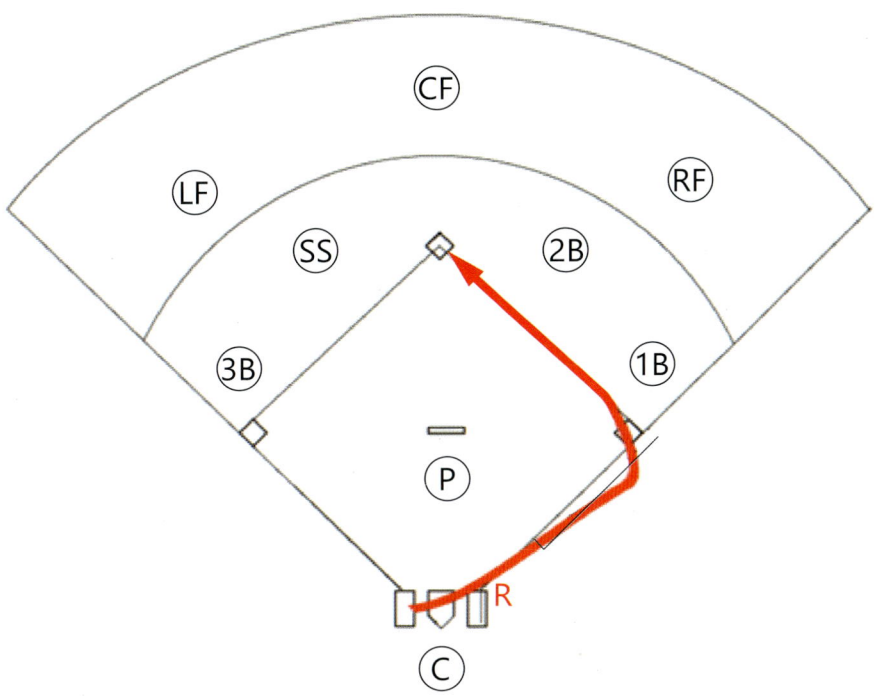

① 击跑员安打跑二垒是在一垒包前绕小弧线。
② 踩一垒包内侧1/4部分，重心向内倾斜。
③ 跑垒员向二垒跑直线。

（三）理想中的跑三垒路线

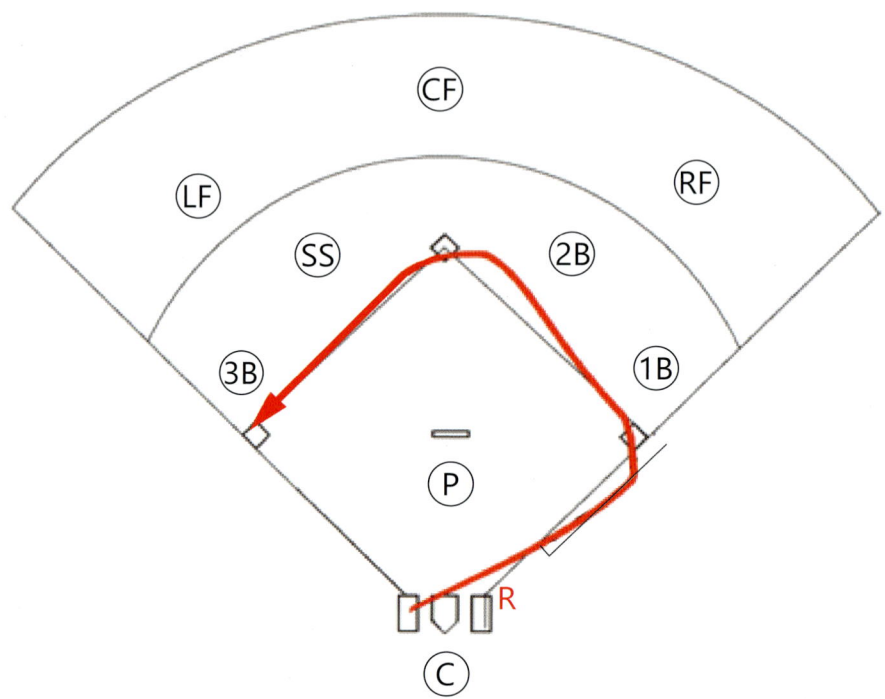

① 击跑员在安打跑三垒时尽最大努力跑小的弧线。
② 从二垒跑向三垒时，尽可能跑直线。

（四）理想中的跑本垒路线

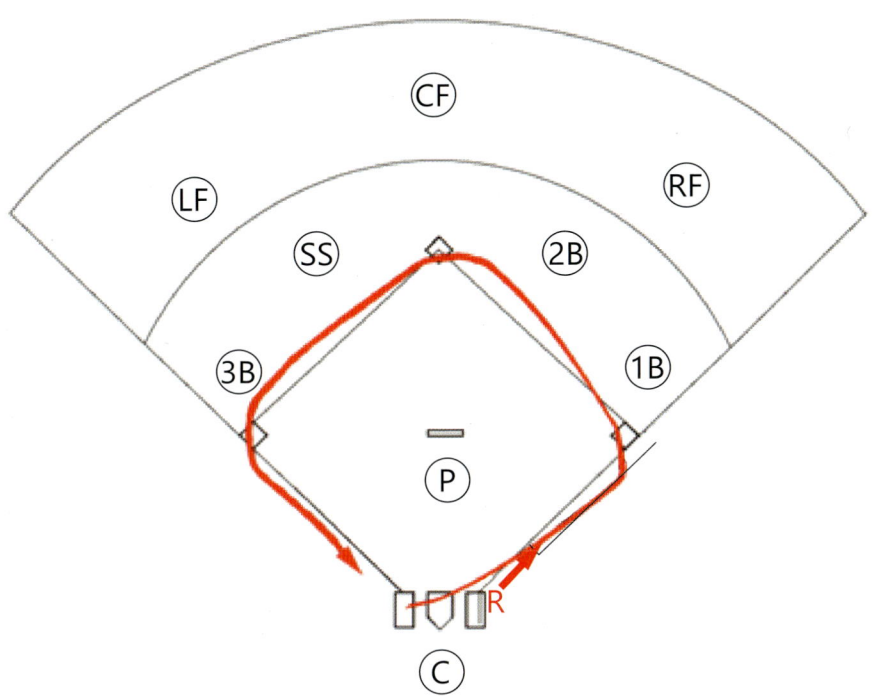

① 击跑员在出现连续跑本垒的局面时，尽量跑小弧度。
② 跑三垒、本垒时应跑直线。

（五）牺牲触击（一垒方向）

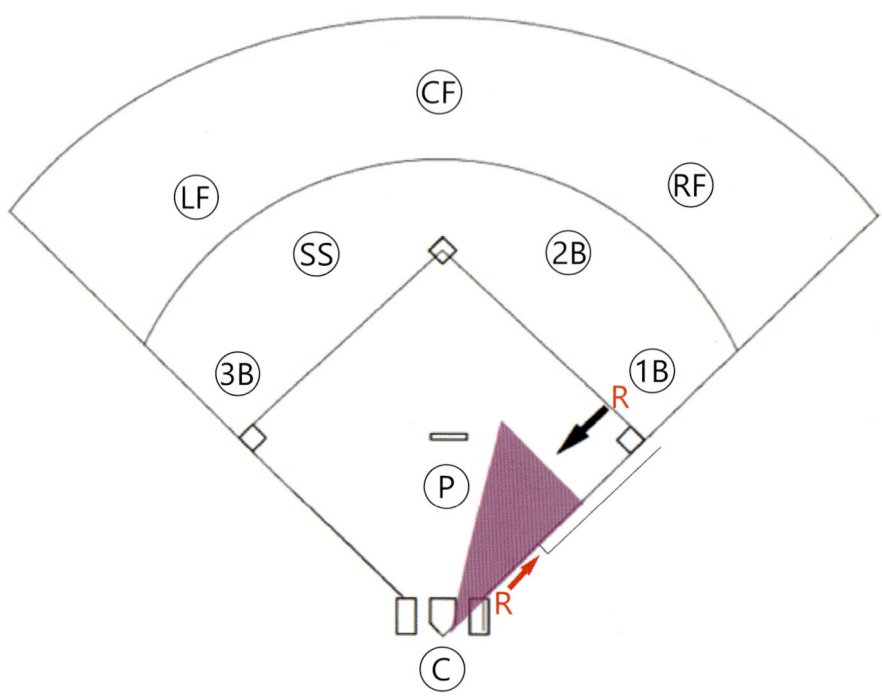

① 一垒有跑垒员用牺牲触击送上二垒的理想区域（要出其不意）。
② 击球员确认球进场后全力跑一垒。

（六）牺牲触击（三垒方向）

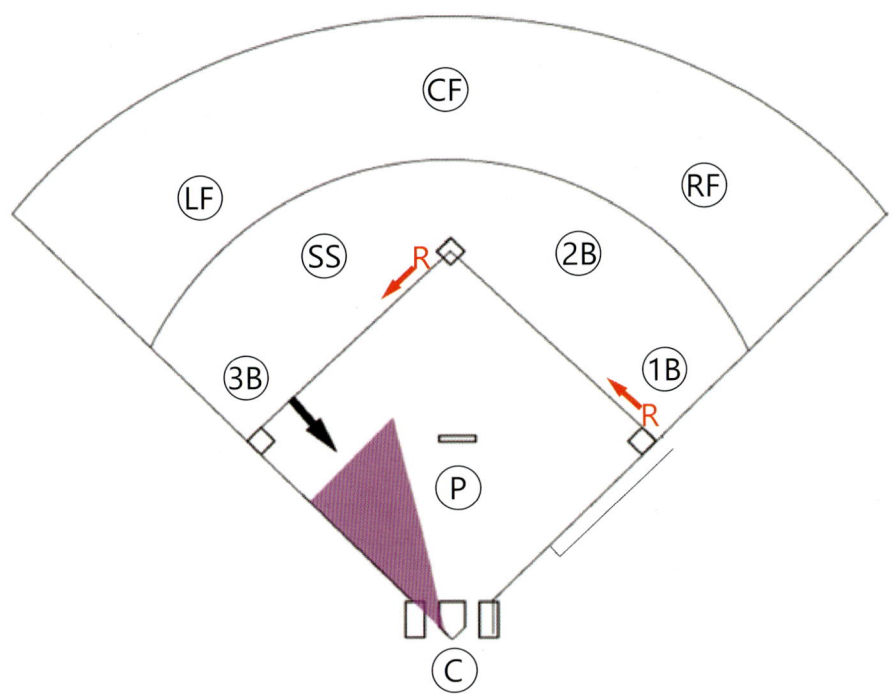

① 一、二垒有跑垒员用触击球将其送成二、三垒的理想区域（要攻其不备）。
② 击球员确认球进场后全力跑一垒。

（七）抢分触击战术

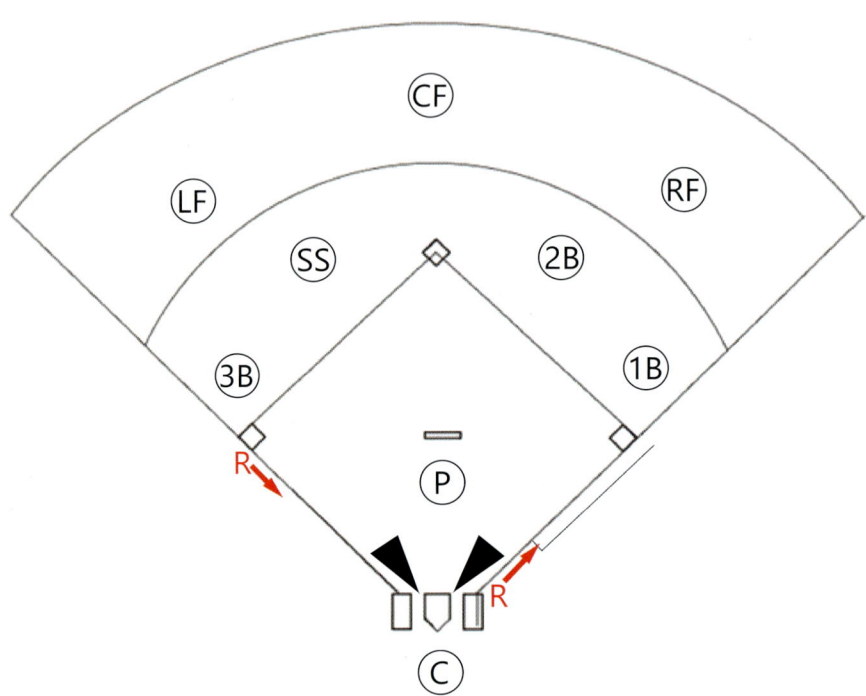

① 三垒有跑垒员抢分战术。

② 训练中以100%成功为目标。

③ 击球员必须把球触击成界内地滚球。

④ 跑垒员在确定投手向本垒投球时起动，跑向本垒。

（八）双偷垒战术

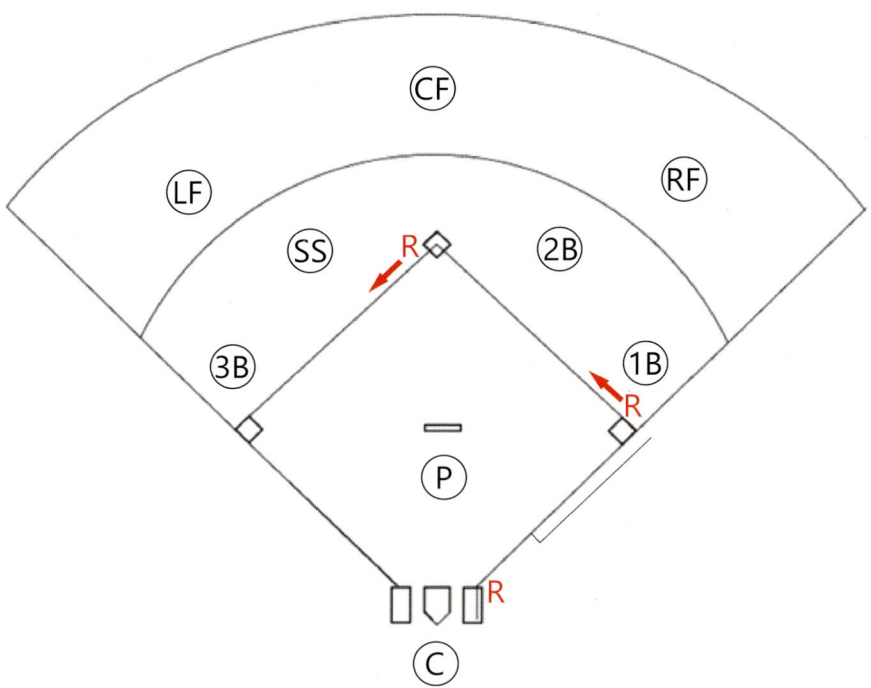

① 跑垒员同时起动，目的是100%偷垒成功。
② 击球员要有掩护动作。
③ 不可让对手识破战术意图。

二、防守队员防守区域

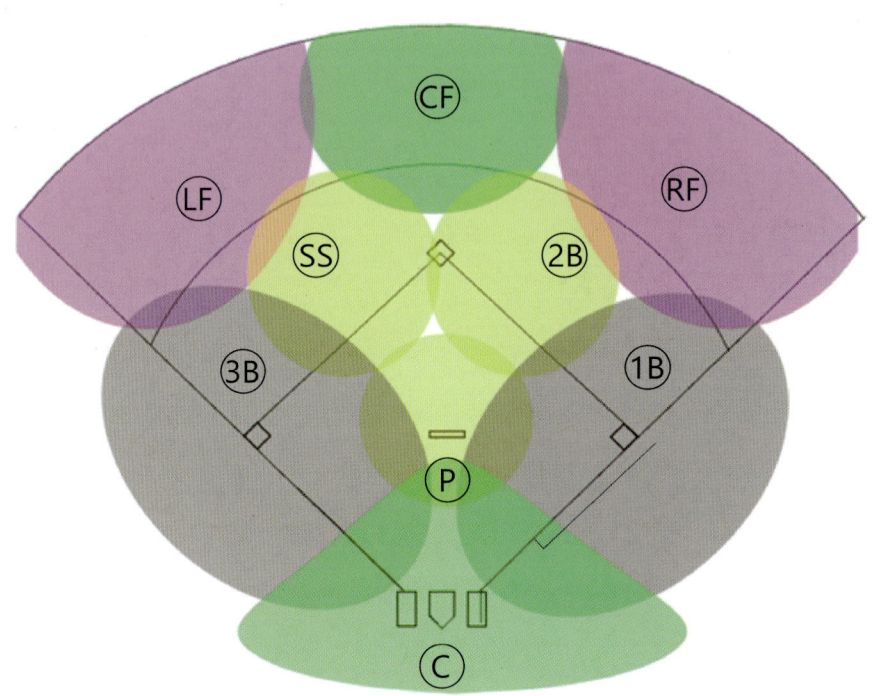

（一）各位置防守范围的确认

防守最重要的目的是防止跑垒员进垒，相互配合，努力做到全场无死角，不让对手踏上垒包。

（二）防守全场接力补位路线

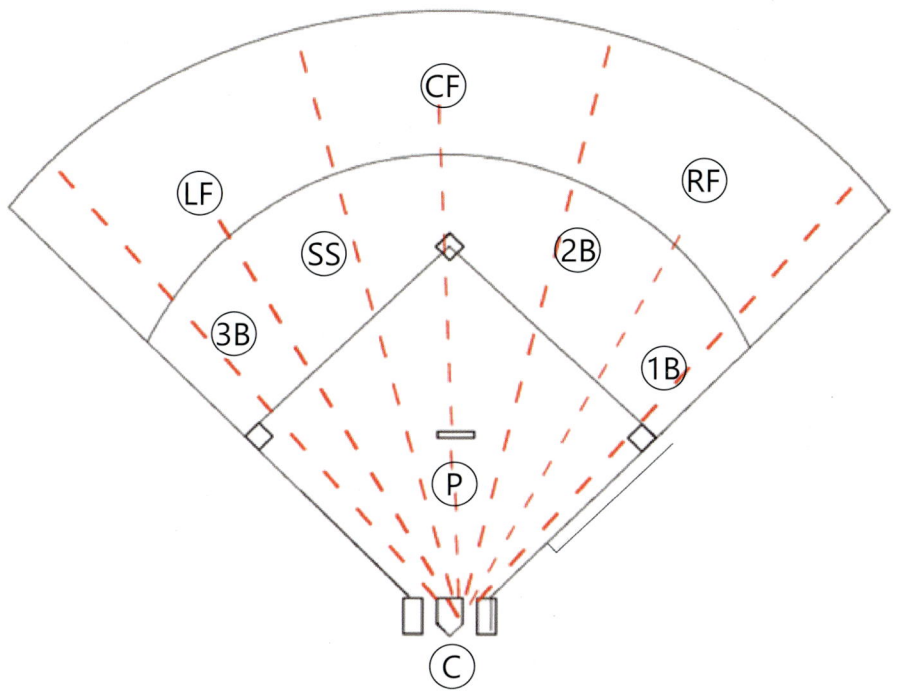

① 三垒跑垒员3.5秒就能跑回本垒。
② 防守要根据实际情况，选择接力传杀或者直接传本垒的路线。

（三）垒上无人，左中之间长打

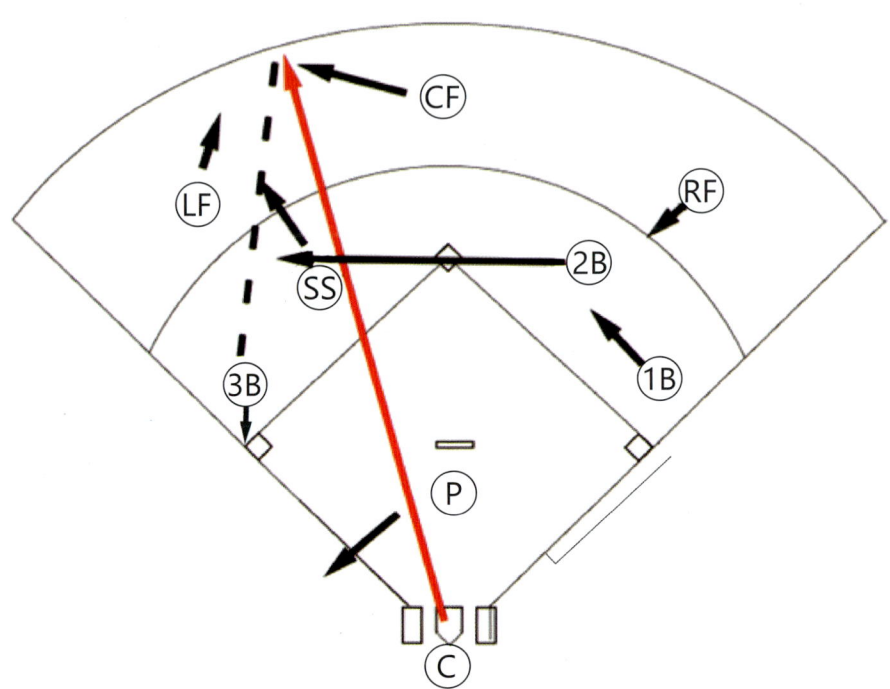

① 投手补三本之间。
② 接手守本垒。
③ 一垒手补二垒。
④ 二垒手游击接力。
⑤ 三垒手回三垒位。
⑥ 左中外接球接应。
⑦ 右外到二垒附近。

（四）垒上无人左外前安打，防止击球员上二垒

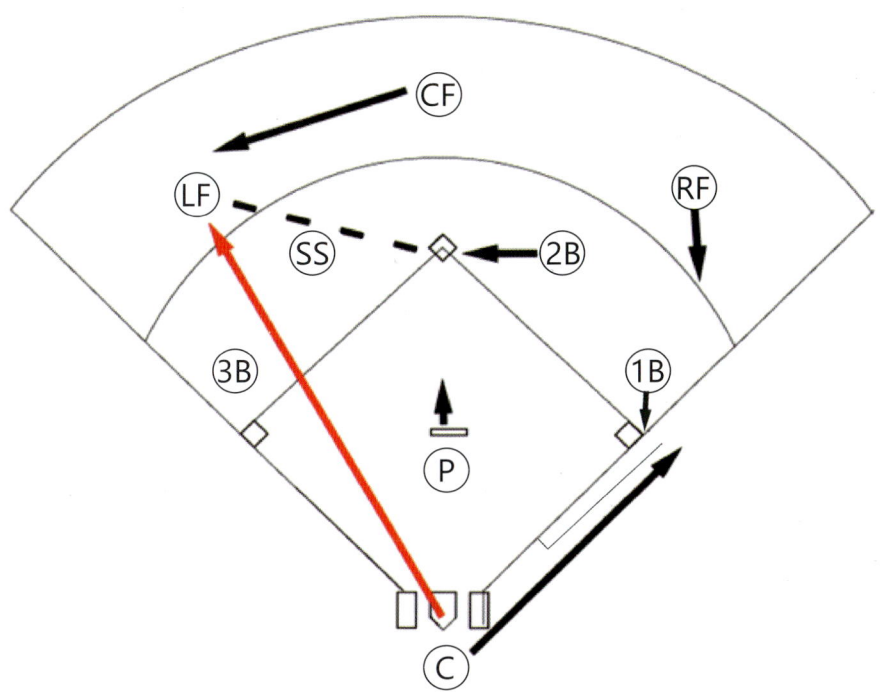

① 投手向二垒移动。
② 接手补一垒。
③ 三垒手守在三垒附近。
④ 游击手接球。
⑤ 左外接传球。
⑥ 中外补左外。
⑦ 右外补二垒后接应。

（五）垒上无人，左外场边线长打

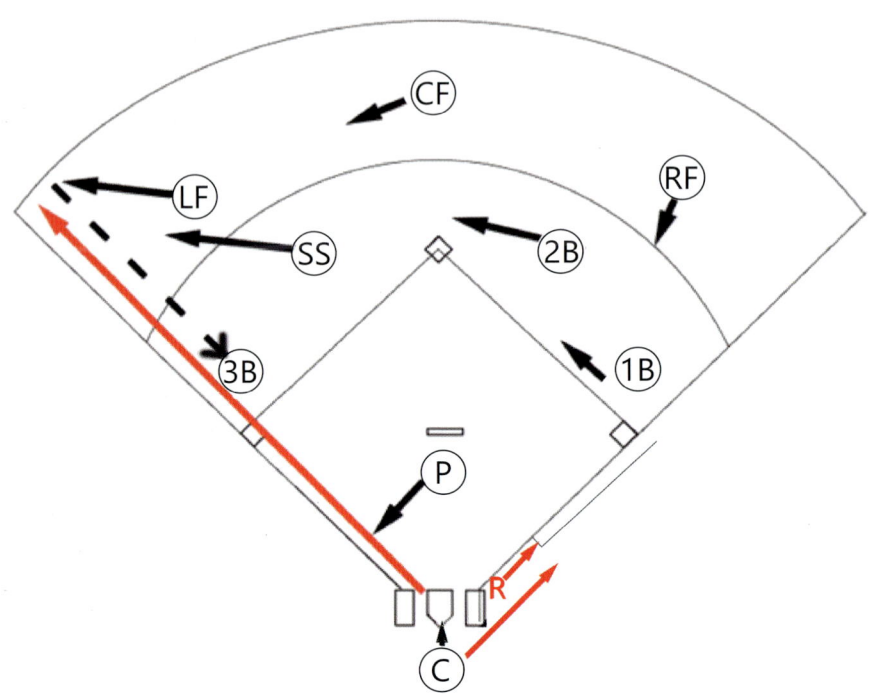

① 投手补三垒。
② 接手补一垒。
③ 一垒手补二垒。
④ 二垒手补二垒。
⑤ 三垒手守三垒。
⑥ 游击手追球。
⑦ 左外接传球。
⑧ 中外补左外场。
⑨ 右外场补二垒。

（六）一垒有人，左外前安打

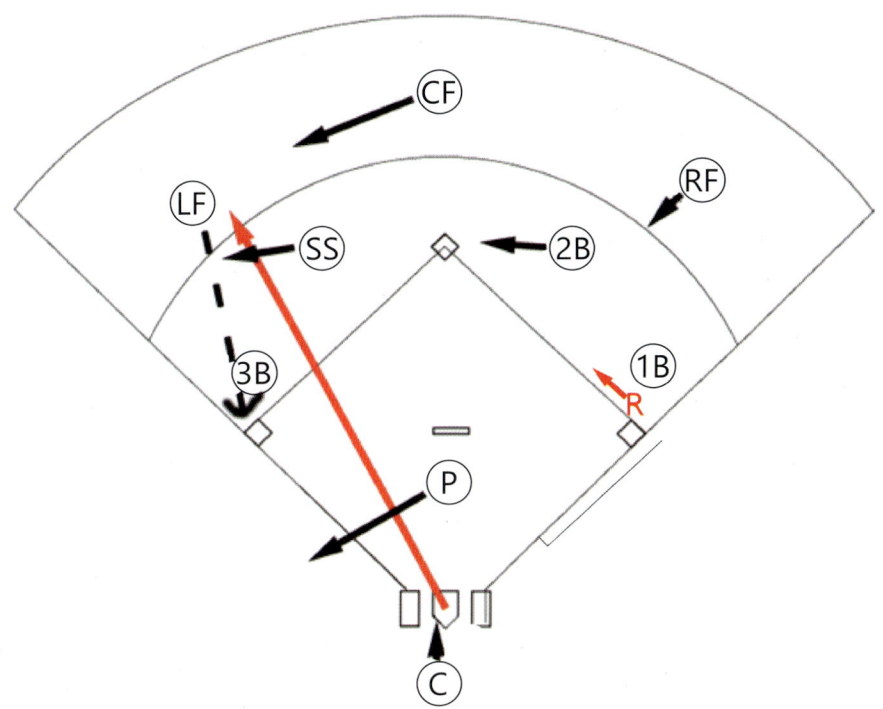

防止一垒跑垒员跑回本垒。

① 投手补三垒防漏。

② 接手守本垒。

③ 一垒手回一垒位防守。

④ 二垒手守二垒位。

⑤ 三垒手守三垒位。

⑥ 左外处理来球。

⑦ 中外补左外场。

⑧ 右外补二垒。

（七）一垒有人，左中长打

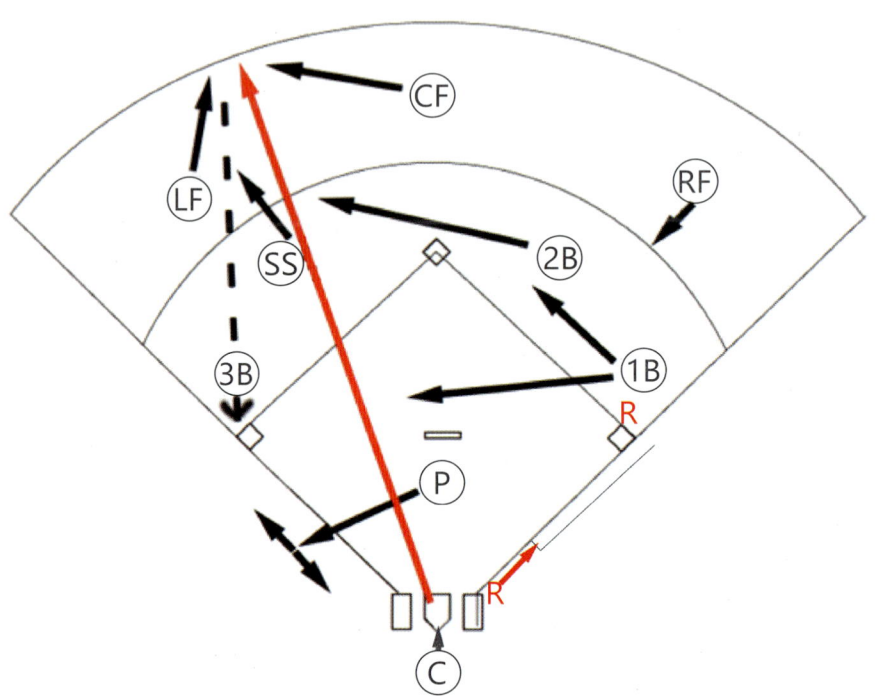

① 接手守本垒。
② 一垒手到内场本垒之间补位接力。
③ 三垒手防守好三垒。
④ 中外到左中方向负责接力。
⑤ 左外追球。
⑥ 游击手追球接应。
⑦ 投手向三垒方向补位。
⑧ 二垒手到接力位置。

（八）二垒有人左外前安打，防止二垒跑垒员抢本垒得分

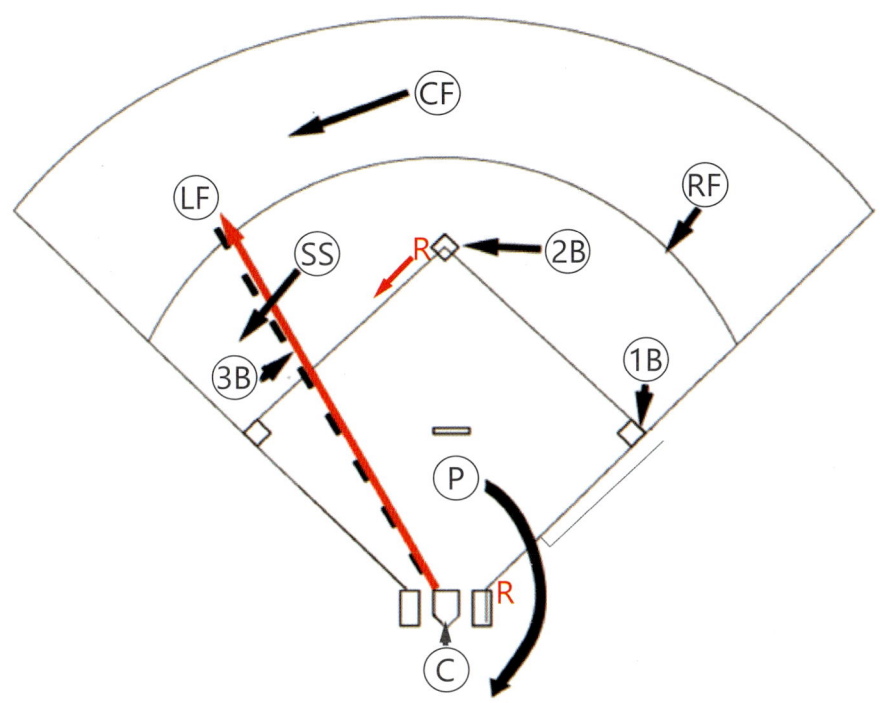

① 投手补本垒。
② 接手守本垒。
③ 一垒手防守一垒。
④ 二垒手上垒位。
⑤ 三垒手准备好接力。
⑥ 游击手接力或者补三垒。
⑦ 中外接应左外。
⑧ 左外处理安打球。
⑨ 右外向二垒方向移动。

（九）一、三垒有人，左外场高飞球防止三垒跑垒员抢本垒

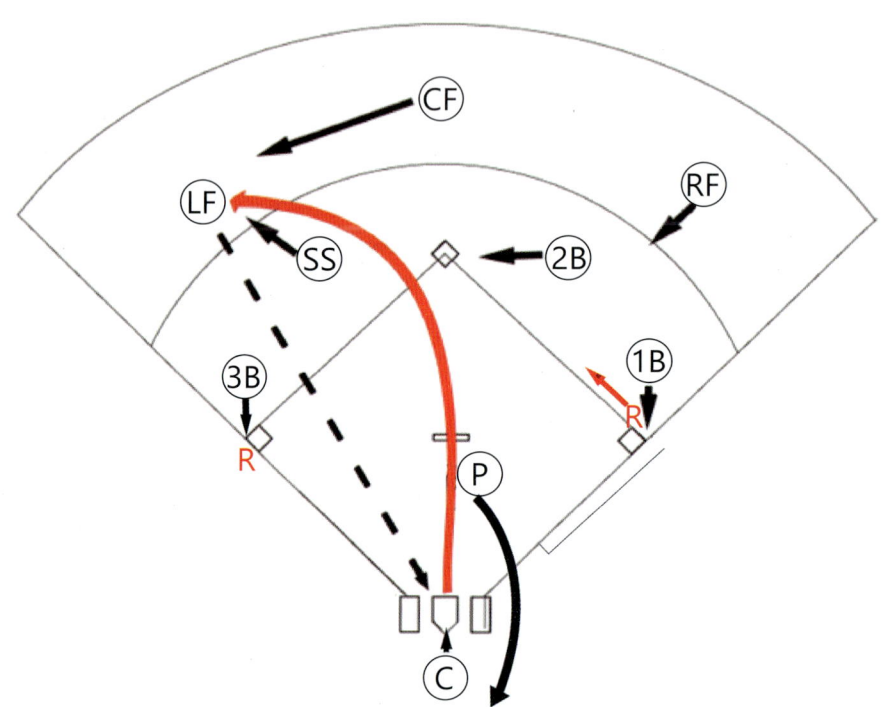

① 投手补本垒。
② 接手接球准备。
③ 一垒手防守一垒。
④ 二垒手防守二垒。
⑤ 左外场接球后传本垒。
⑥ 中外接应左外。
⑦ 右外补二垒附近。
⑧ 三垒手在垒位。

（十）一、二垒有人，左外场深远高飞防止跑垒员进三垒或本垒

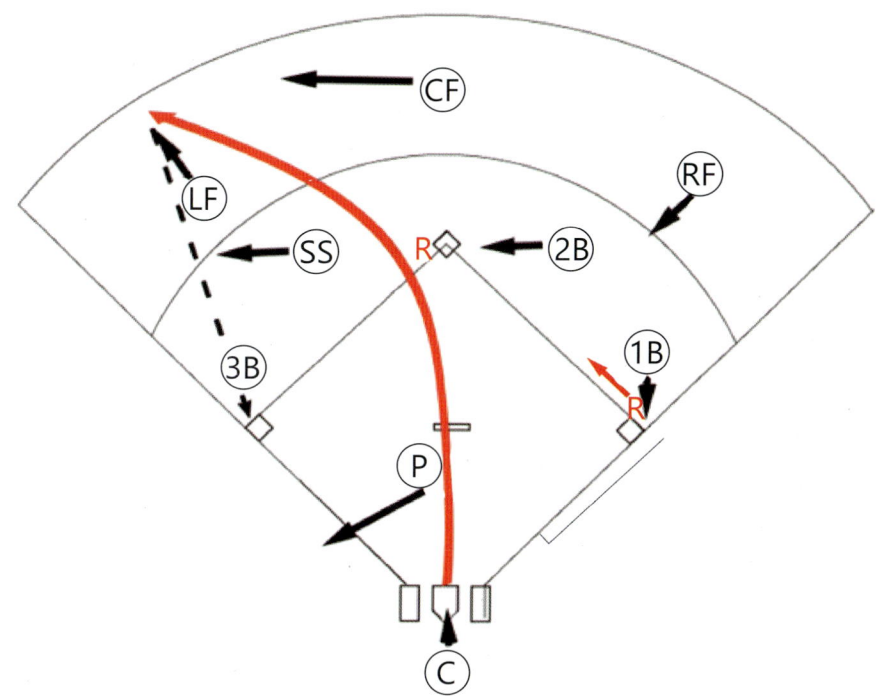

① 投手补三垒。
② 接手守本垒。
③ 一垒手守一垒。
④ 二垒手进垒。
⑤ 三垒手守三垒指挥游击。
⑥ 左外场追球。
⑦ 中外场补左外场。
⑧ 右外场向二垒方向移动。
⑨ 游击手在左外场三垒之间直线接力。

（十一）三垒，二、三垒满垒左外高飞

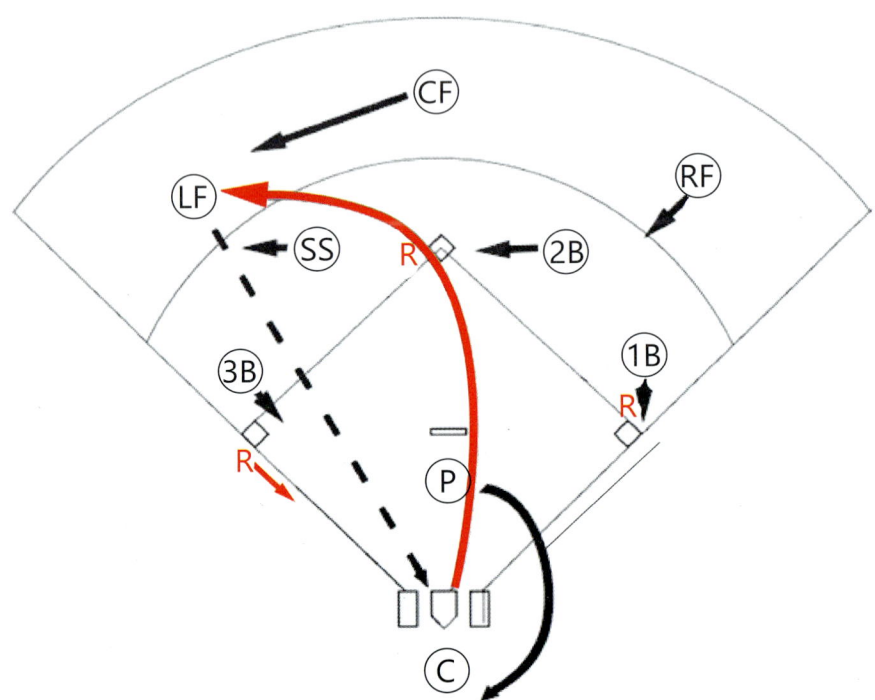

① 投手补本垒。
② 接手守好本垒，指挥内场接力。
③ 一垒手守垒。
④ 二垒手守垒。
⑤ 三垒手守垒。
⑥ 左外场接传高飞球。
⑦ 中外补左外场。
⑧ 右外场进内场补位。
⑨ 游击手接应左外。

（十二）一、三垒有跑垒员，三垒方向界外高飞，按接手指示防止失分

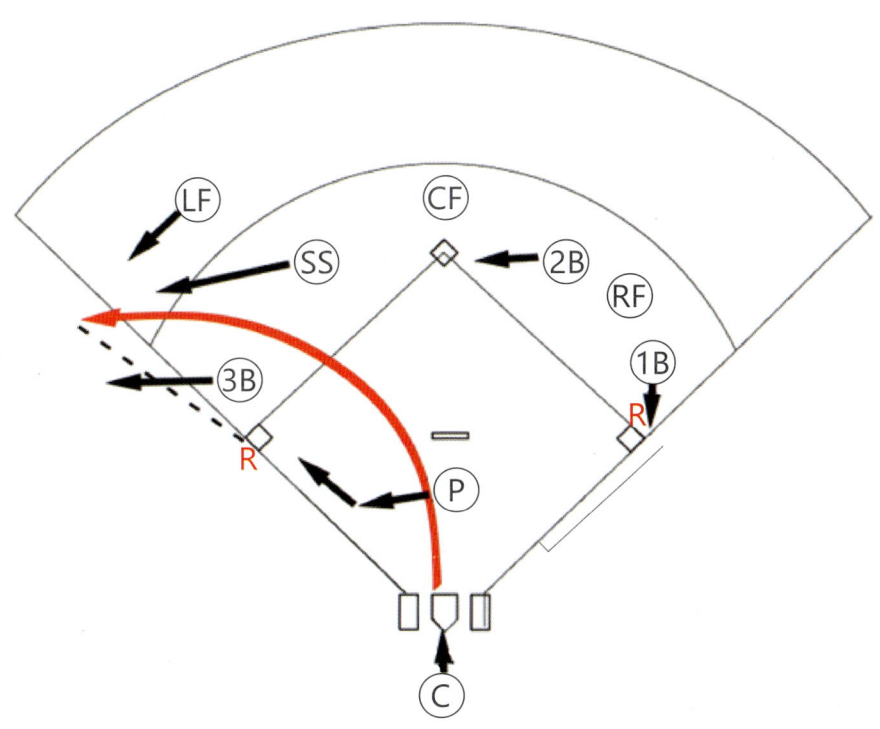

① 投手补三垒准备好接力。
② 接手守本垒下指示。
③ 左外接球后马上传球给投手。
④ 一垒手回位。
⑤ 二垒手进垒。
⑥ 三垒手、游击手左外场接球。
⑦ 中外场补二垒附近。
⑧ 右外场补一垒附近。

（十三）垒上无人，中外安打，防止击跑员上二垒

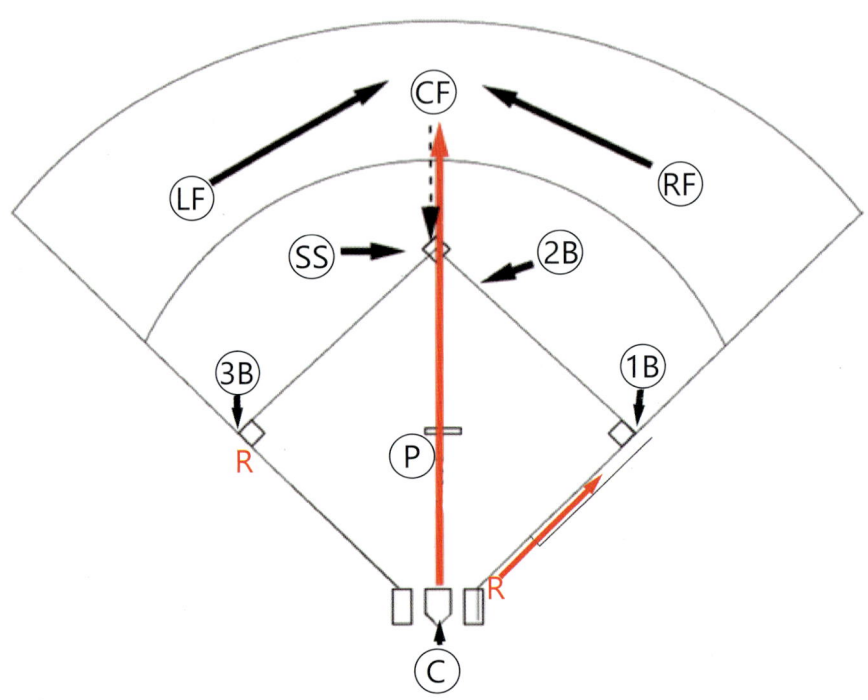

① 投手在投球板附近。

② 接手守本垒。

③ 一垒准备触杀折返跑垒员。

④ 三垒手守三垒。

⑤ 左外场接应中外场。

⑥ 右外场接应中外场。

⑦ 中外场接球后传二垒。

⑧ 二垒手、游击手分别进二垒位或补位。

（十四）一垒有人，中外场前安打，防止跑垒员上三垒

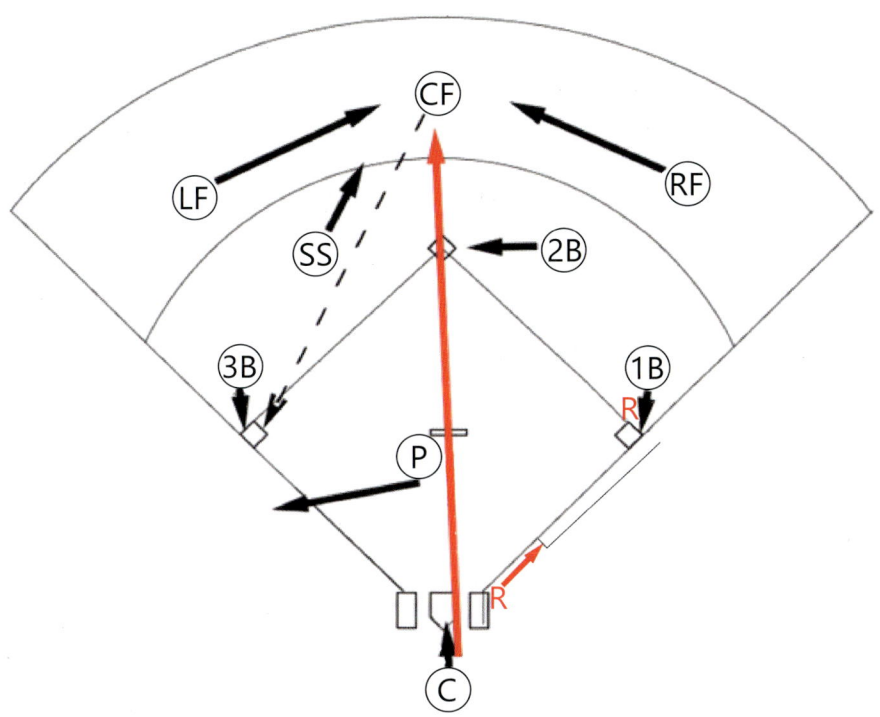

① 投手补三垒后。

② 接手守好本垒。

③ 一垒手守一垒。

④ 二垒手进二垒。

⑤ 三垒手准备接球。

⑥ 游击手接力三垒。

⑦ 左外补中外场。

⑧ 中外接球后，传向三垒。

⑨ 右外场补中外。

(十五)二垒有人，中外场前安打，防止跑垒员回本垒

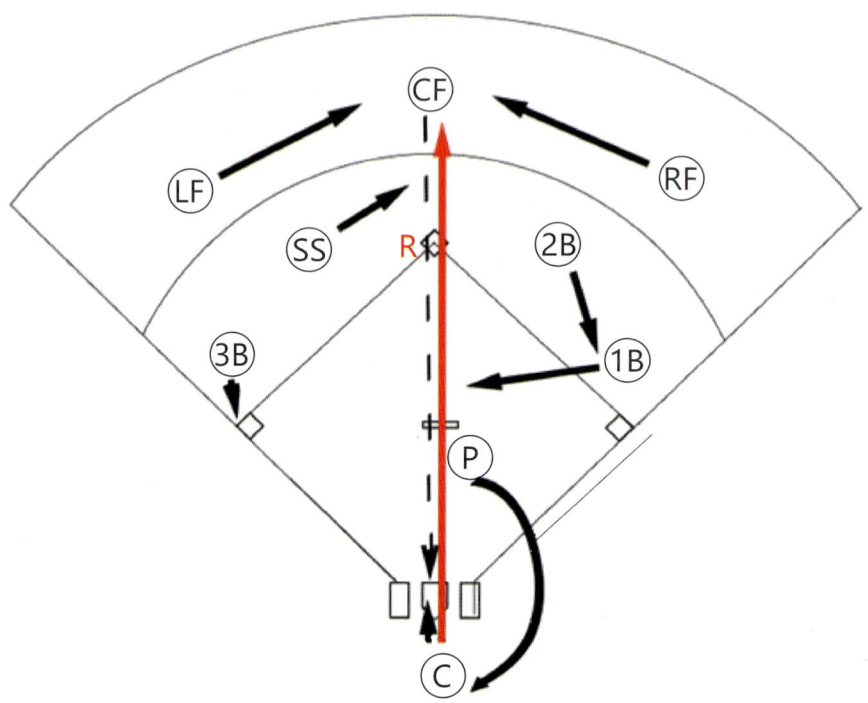

① 投手补本垒，接手接球触杀。
② 一垒手进场接力。
③ 二垒手补一垒。
④ 三垒手进三垒。
⑤ 游击手追球指挥接力。
⑥ 左外场向中外场补位。
⑦ 中外场处理来球。
⑧ 右外场补位中外场。

（十六）三垒有人，中外场方向高飞

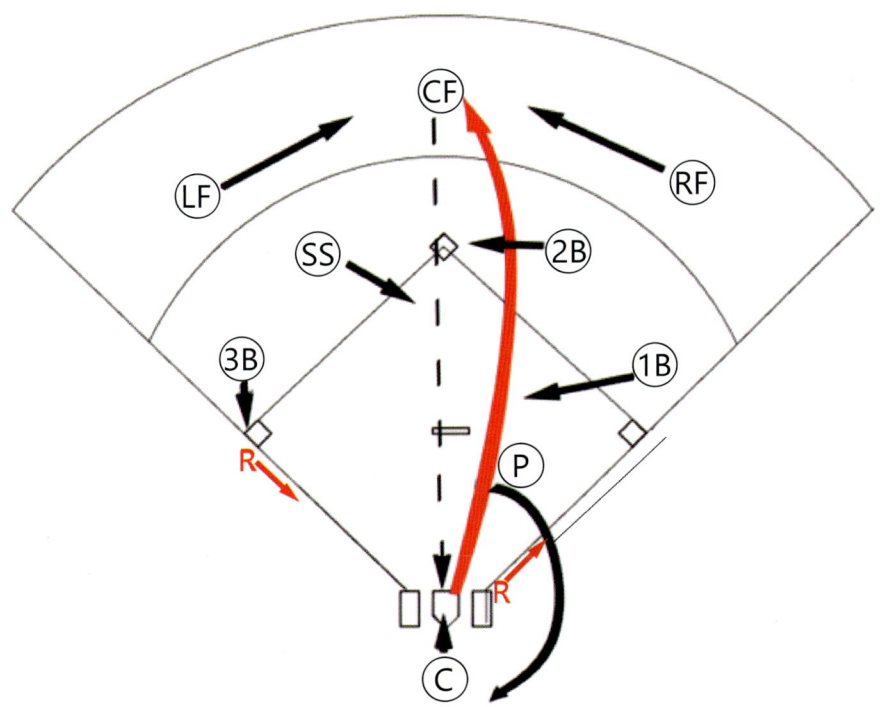

防止三垒跑垒员抢本垒或击跑员上二垒。

① 投手补本垒。

② 接手接球准备触杀并指挥接力。

③ 二垒手指挥中外场。

④ 游击手进二垒接力。

⑤ 左外场补中外场。

⑥ 右外场补中外场。

⑦ 中外场接球向本垒传球。

⑧ 一垒手接力补位。

（十七）一、二垒有人，中外前安打，防止各垒跑垒员进垒

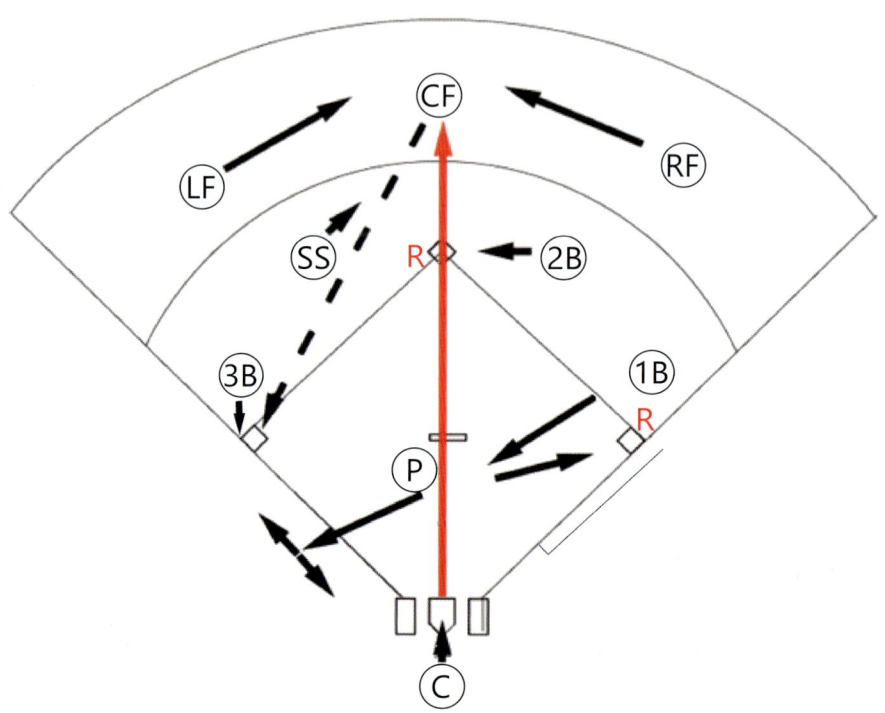

① 投手往三本垒之间移动补位。
② 接手守本垒。
③ 一垒手先准备接力再返回一垒。
④ 二垒手进二垒。
⑤ 三垒手守好三垒。
⑥ 游击手在中外场三垒方向接力。
⑦ 左外场补中外场。
⑧ 右外场补中外场。

（十八）二垒有人，中外场方向高飞

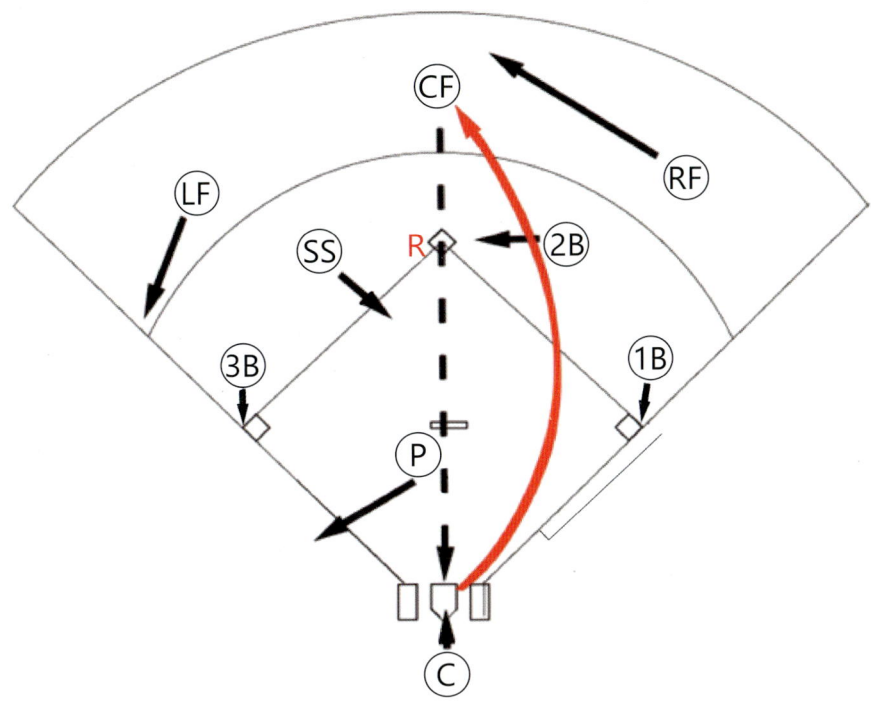

① 投手补三垒。
② 接手守本垒。
③ 一垒手守一垒。
④ 二垒手确认跑垒员是否踩垒包跑垒。
⑤ 三垒手回三垒指挥游击手。
⑥ 游击手在中外场与本垒之间接力。
⑦ 中外场接球。
⑧ 右外场补中外场。
⑨ 左外场补三垒。

（十九）二、三垒有人，中外场高飞球，球不是很远要防下分（满垒时也一样）

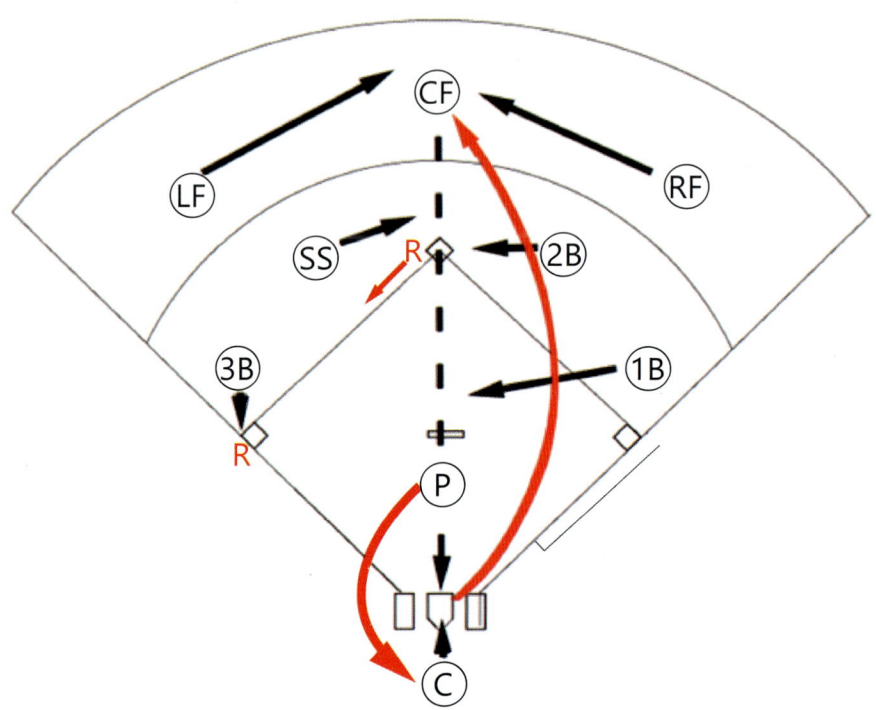

① 投手补本垒后。
② 接手守本垒，指挥一垒。
③ 一垒手接力选杀听接手指挥。
④ 二垒手确认跑垒员是否踩垒。
⑤ 三垒手确认跑垒员是否离垒过早。
⑥ 游击手追球指挥传球方向。
⑦ 左外场接应中外场。
⑧ 中外场处理来球。
⑨ 右外场补中外场。

（二十）垒上无人，右外场前安打

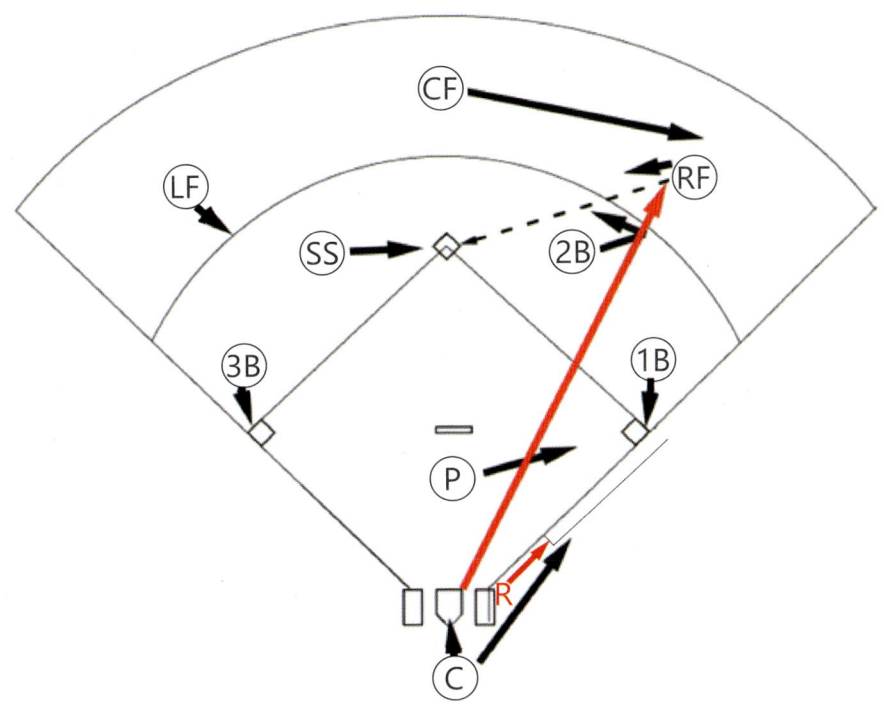

防止击跑员上三垒。

① 投手补一垒位。

② 接手补一垒，右外场传一垒时补位。

③ 一垒手回垒。

④ 二垒手接力。

⑤ 三垒手返回三垒。

⑥ 游击手补二垒位。

⑦ 左外场向内场移动。

⑧ 中外场补位右外场。

⑨ 右外场处理来球。

（二十一）垒上无人，右、中方向的长打

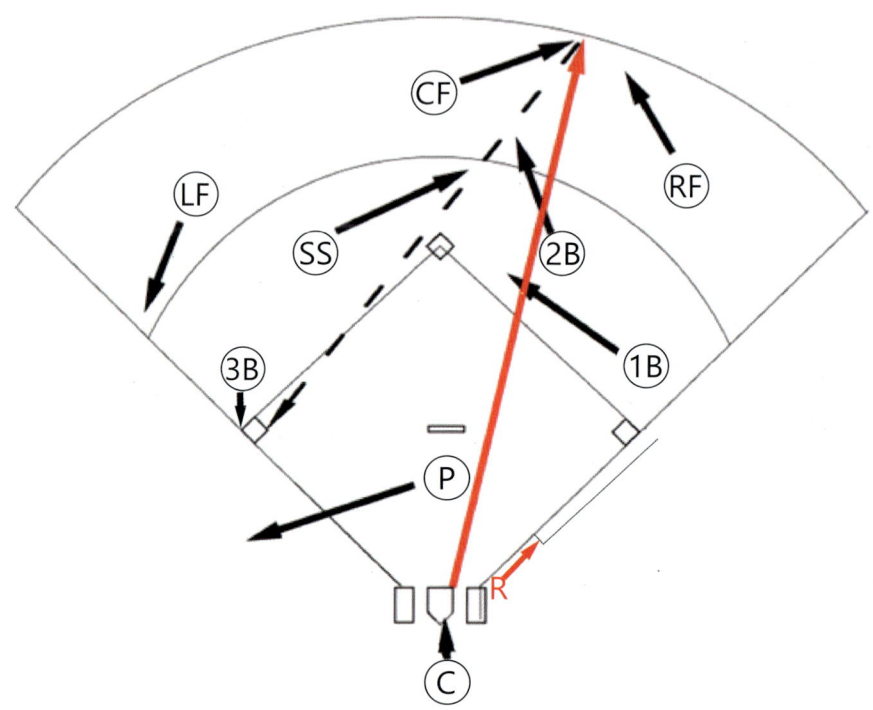

主要目的是防止击跑员多进垒。

① 投手补三垒。

② 接手守本垒。

③ 一垒手跟着击跑员上二垒。

④ 二垒手接力连三垒直线。

⑤ 三垒手回垒位。

⑥ 游击手与二垒手距离15米左右接力。

⑦ 左外场补三垒后。

⑧ 中外场追球，如果右外场拿球中外场指挥。

（二十二）一、二垒有人，右外场前安打

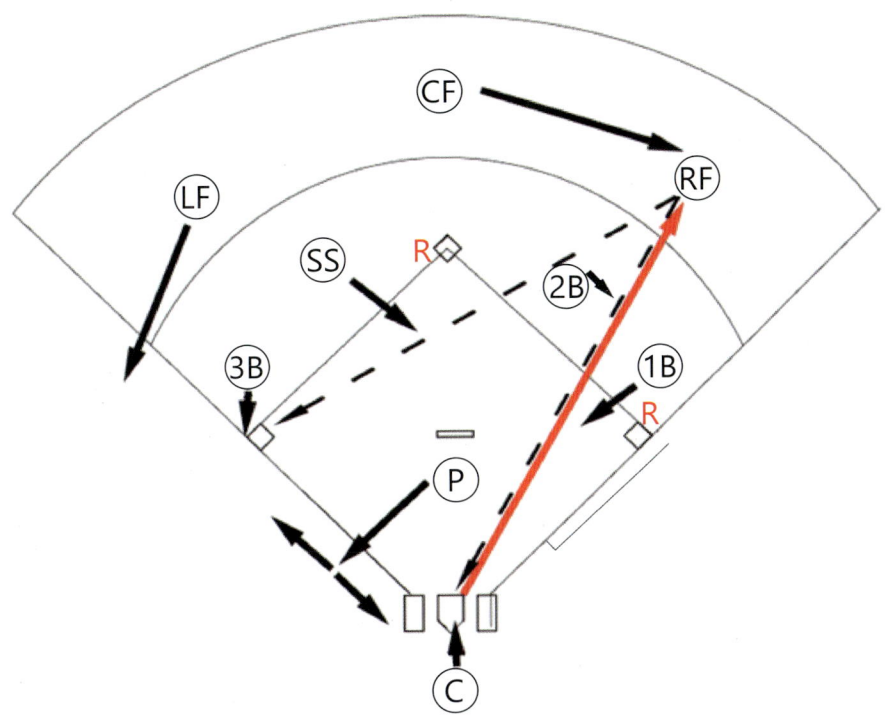

（满垒相同）防止多进垒。

① 投手补三本垒。

② 接手在本垒指挥接力。

③ 一垒手在右外本垒之间接力。

④ 二垒手补一垒。

⑤ 三垒手守三垒。

⑥ 游击手在右外与三垒之间接力。

⑦ 左外场补三垒。

⑧ 中外补右外场并指挥。

⑨ 右外场接球。

（二十三）一垒有人，右中方向长打

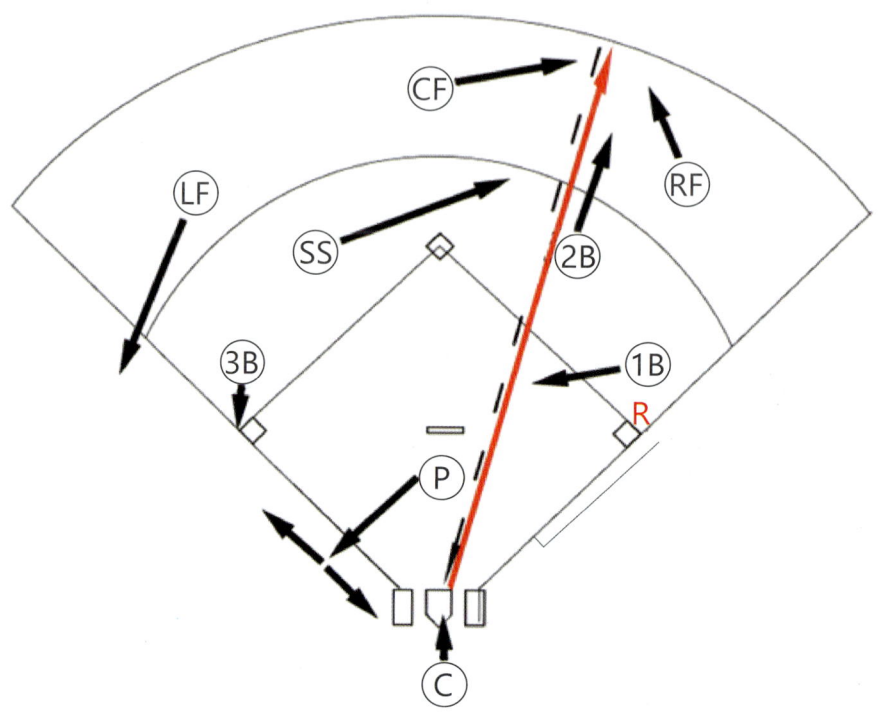

防止跑垒员回本垒。
① 投手补三本垒。
② 接手守本垒并指挥。
③ 一垒手接力。
④ 二垒手追球接力。
⑤ 三垒手回垒位。
⑥ 游击手参加接力。
⑦ 左外场补三垒后。
⑧ 中外场追球处理或指挥。
⑨ 右外场追球处理并指挥。

（二十四）一垒有人，右外野手前安打

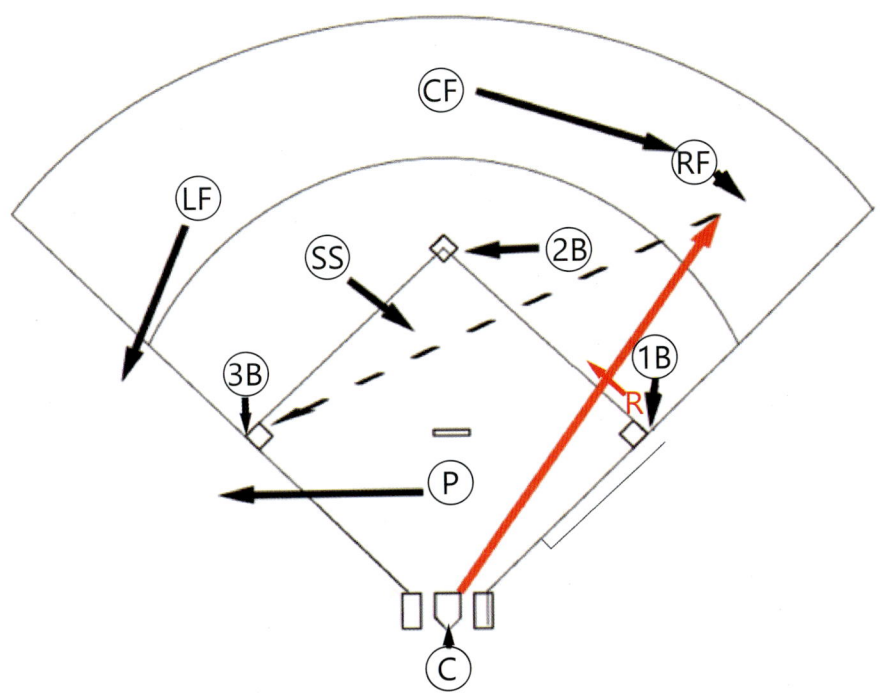

防止跑垒员上三垒。

① 投手补三垒。

② 接手守本垒。

③ 一垒手守一垒。

④ 二垒手守二垒。

⑤ 三垒手守三垒。

⑥ 游击手在右外至三垒间接力。

⑦ 左外补三垒后方。

⑧ 中外补右外。

⑨ 右外接球并处理来球。

（二十五）垒上无人，右外补边线长打

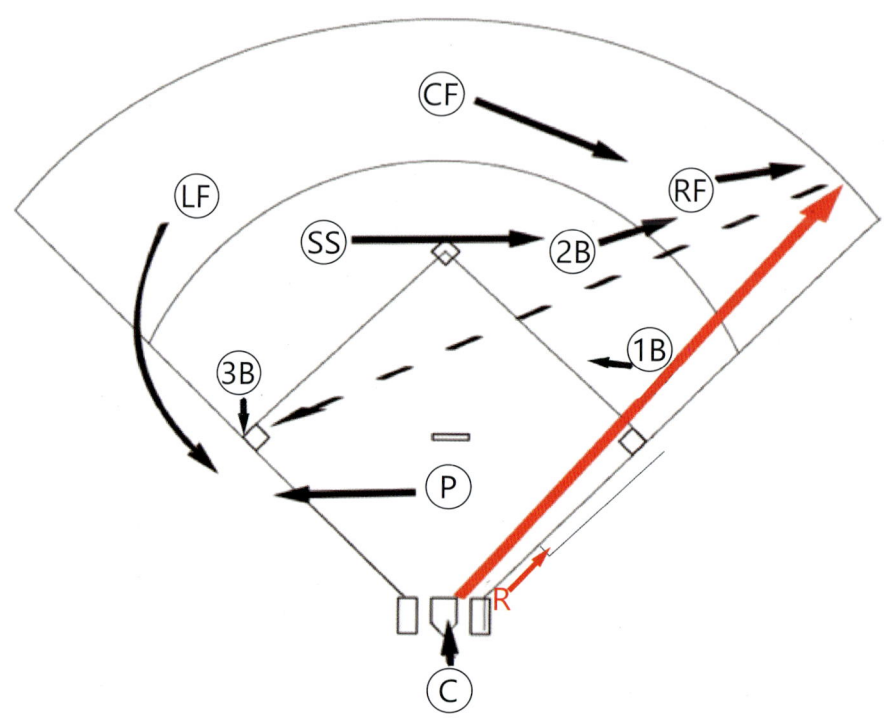

防止击跑员上三垒。

① 投手补三垒。

② 接手守本垒。

③ 一垒手看击跑员踩垒后移动向二垒。

④ 二垒手追球接力三垒。

⑤ 三垒手回位准备触杀。

⑥ 游击手补二垒后接力三垒。

⑦ 左外场补三垒后。

⑧ 中外场追球并指挥右外场。

⑨ 右外场追球并处理来球。

（二十六）一垒有人，右外边线长打

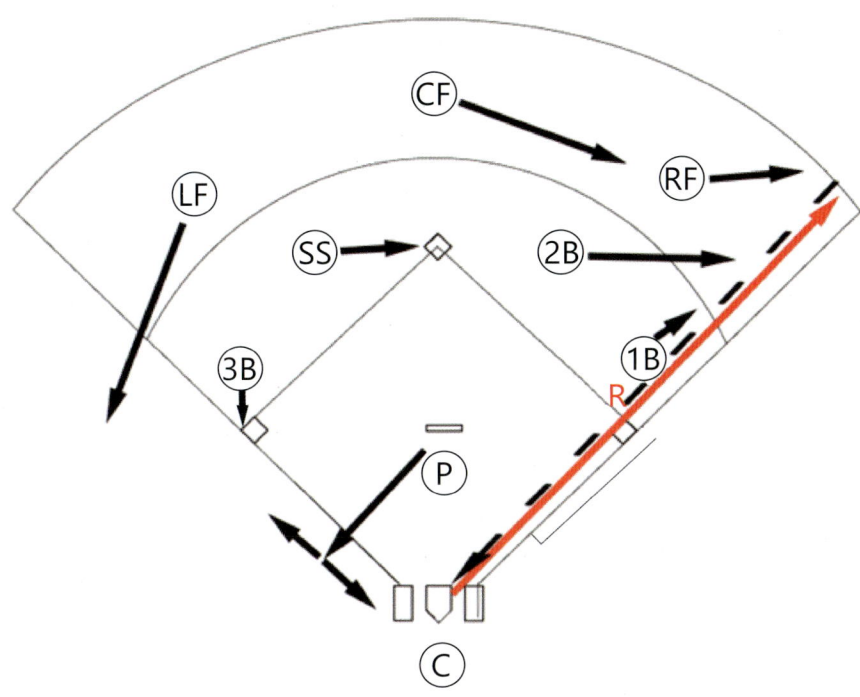

① 投手补三垒、本垒之间。
② 接手守好本垒并指挥。
③ 一垒手补二垒后 8~10 米。
④ 二垒手在右外本垒之间接力。
⑤ 三垒手守三垒。
⑥ 游击手补二垒后。
⑦ 中外场接应右外场。
⑧ 左外场补三垒。
⑨ 右外场追球并处理来球。

（二十七）三垒有人，右外场高飞球

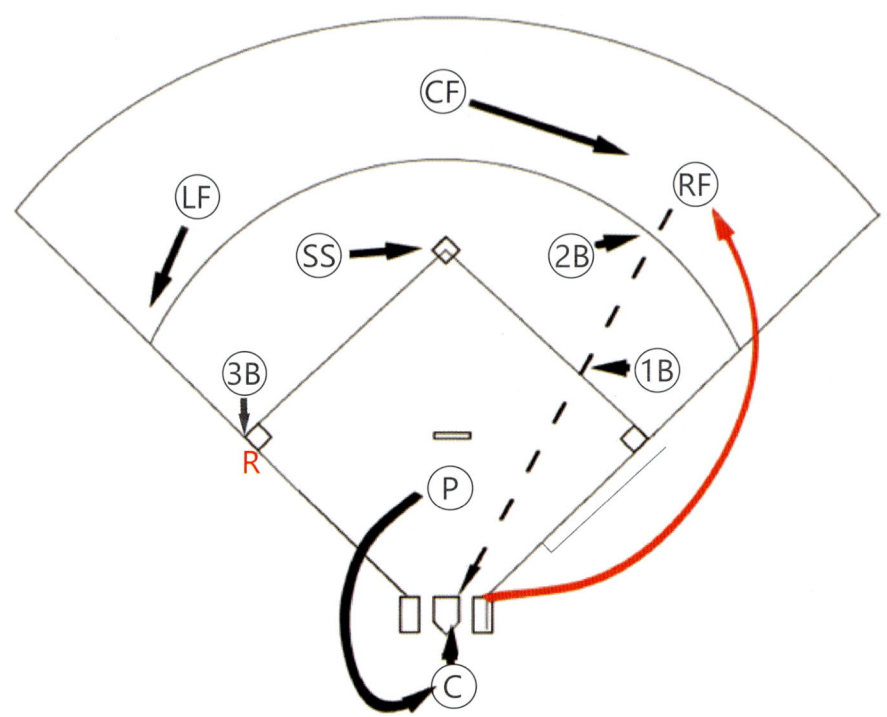

防止跑垒员得分，减少接力传次数，一垒接力。

① 投手补位本垒。

② 接手防守并指挥。

③ 一垒手接力。

④ 二垒手追球。

⑤ 三垒手守三垒确认跑垒员是否踩垒。

⑥ 游击手进二垒补位。

⑦ 左外场补进内场。

⑧ 中外场补右外场。

⑨ 右外场接球。

（二十八）二垒有人，右外场深远高飞球（一、二垒有人也一样）

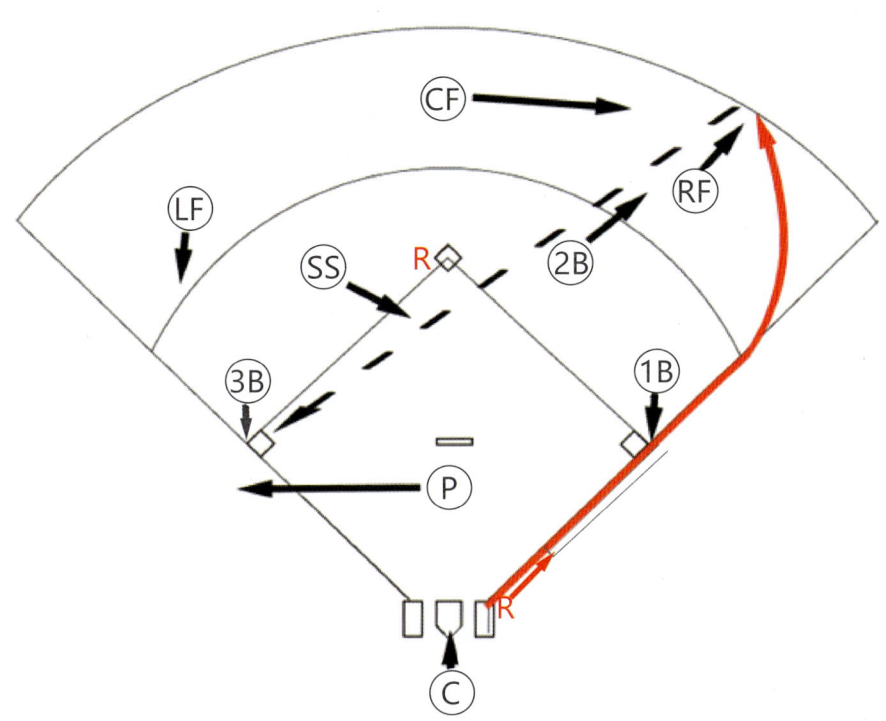

防止跑垒员上三垒。
① 投手补三垒。
② 接手守本垒。
③ 一垒手守一垒。
④ 二垒手追球并指挥外场。
⑤ 三垒手回垒防守。
⑥ 游击手接力传球。
⑦ 左外场补三垒。
⑧ 中外场追球并指挥。
⑨ 右外场接球。

（二十九）二、三垒有人，右外场高飞（同满垒）

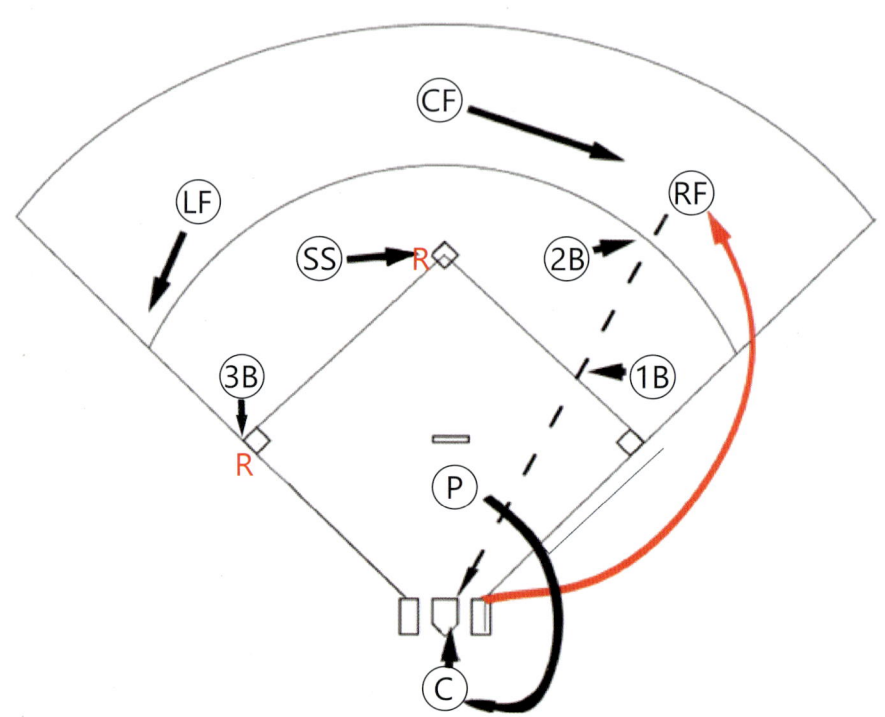

① 投手补本垒。
② 接手防守并指挥。
③ 一垒手在右外场与本垒之间接力。
④ 二垒手追球。
⑤ 三垒手回垒位。
⑥ 游击手进二垒。
⑦ 左外场向内场移动。
⑧ 中外场追球补位指挥。
⑨ 右外场接球。

(三十) 一、三垒有人，一垒后界外高飞球

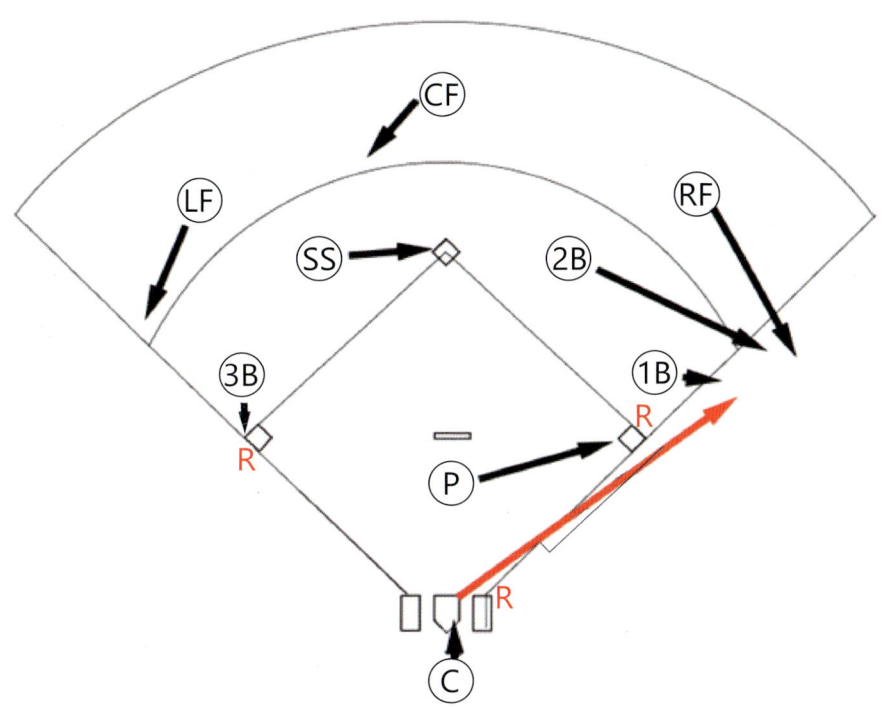

防止三垒跑垒员得分。

① 投手在一、二垒接球时，补一垒准备接力。

② 接手防守并指挥。

③ 一垒手接球。

④ 二垒手接球后，传投手。

⑤ 三垒手守好三垒，确认跑垒员踩垒。

⑥ 游击手进二垒位。

⑦ 左外场手补三垒。

⑧ 中外场手进内场。

⑨ 右外场手指挥一、二垒手。

第六章 青少年棒球运动员的选材

第一节 青少年选材的基本要求

（一）棒球运动员的选材主要着眼于青少年的以下条件

运动员的身体形态、身体素质、身体机能、生长发育、心智能力及遗传等多方面因素。在选材时，首先需要看孩子对棒球运动是否有兴趣，兴趣是最好的动力；其次要考虑孩子们的身体形态，不同位置有不同的要求，一般来说身材高大的运动员具有较大的力量，特别是有利于投手获得更快的出手速度和较大变化的出手角度。棒球运动属于爆发性的速度力量型项目，需要运动员具有精准、快速的击球和传球能力，因此棒球运动员需要具备易兴奋、快兴奋的神经类型。

在选材时，还需要优先选择那些具有投得远、跑得快、打得远、接得准、视力好特点，而且活泼喜动、动作速度快的运动员。另外根据遗传规律，构成人体运动能力的各个要素都是可以继承的，遗传学选材就是按照这一遗传规律来选择出具有先天素质的优秀苗子，这样可以提高棒球运动员选材的科学性，进而提高选材的成功率。在条件允许的情况下，可以在青少年棒球运动员中进行遗传学选材，并以他们父母的运动能力作为参考。

（二）棒球运动是比意识的运动项目

棒球运动是对心理素质要求很高的运动项目，棒球运动中需要的速度、力量和耐力都是与意识、判断，还有灵巧结合在一起的，因此，在选材时重点要放在具有如下特点的人群里：对棒球运动具有浓厚兴趣的青少年；脑子灵、意识强、反应快、判断力好的青少年；能吃苦、肯付出、勤学苦练、有拼搏精神的青少年。

（三）每位教练员在对队员的训练中都会有试训、观察、测试和评比等过程

在此基础上结合棒球运动和青少年的特点，肯定能够选出合格的、有培养前途的青少年棒球运动员。

第二节　选材计划内容及评价标准

（一）小学各年级年度计划表

表1　一、二年级球员年度训练计划表（单位：学时）

每学时为40分钟，每周训练3次，6学时，每月以4周算。周末游戏或比赛，时间为2学时（80分钟）													
训练内容	九月	十月	十一月	十二月	一月	二月	三月	四月	五月	六月	七月	八月	合计	%
		比赛期			寒假集训			比赛期			暑假集训			
身体素质	2	2	2	2	2	2	2	2	2	2	2	2	24	8.3%
传接球	8	8	8	8	8	8	8	8	8	8	8	8	96	33.3%
位置技术	1	1	1	1	1	1	1	1	1	1	1	1	12	4.2%
击球	4	4	4	4	4	4	4	4	4	4	4	4	48	16.7%
跑垒	1	1	1	1	1	1	1	1	1	1	1	1	12	4.2%
游戏、比赛	8	8	8	8	8	8	8	8	8	8	8	8	96	33.3%
总课时数	24	24	24	24	24	24	24	24	24	24	24	24	288	100%

表2 三、四年级球员年度训练计划表（单位：学时）

每学时为40分钟，每周训练4次，8学时，每月以4周算。周末游戏或比赛，时间为2学时（80分钟）

训练内容	九月	十月	十一月	十二月	一月	二月	三月	四月	五月	六月	七月	八月	合计	%
		比赛期			寒假集训			比赛期			暑假集训			
身体素质	3	3	3	3	3	3	3	3	3	3	3	3	36	9.4%
传接球	9	9	9	9	9	9	9	9	9	9	9	9	108	28.1%
位置技术	4	4	4	4	4	4	4	4	4	4	4	4	48	12.5%
击球	6	6	6	6	6	6	6	6	6	6	6	6	72	18.7%
跑垒	2	2	2	2	2	2	2	2	2	2	2	2	24	6.3%
游戏、比赛	8	8	8	8	8	8	8	8	8	8	8	8	96	25.0%
总课时数	32	32	32	32	32	32	32	32	32	32	32	32	384	100%

表3 五、六年级球员年度训练计划表（单位：学时）

每学时为40分钟，每周训练5次，10学时，每月以4周算，周末比赛。周末训练或比赛时间为3学时（120分钟）

训练内容	九月	十月	十一月	十二月	一月	二月	三月	四月	五月	六月	七月	八月	合计	%
		比赛期			寒假集训			比赛期			暑假集训			
身体素质	4	4	4	4	4	4	4	4	4	4	4	4	48	10.0%
传接球	8	8	8	8	8	8	8	8	8	8	8	8	96	20.0%
位置技术	8	8	8	8	8	8	8	8	8	8	8	8	96	20.0%
击球	5	5	5	5	5	5	5	5	5	5	5	5	60	12.5%
跑垒	3	3	3	3	3	3	3	3	3	3	3	3	36	7.5%
游戏、比赛	12	12	12	12	12	12	12	12	12	12	12	12	144	30.0%
总课时数	40	40	40	40	40	40	40	40	40	40	40	40	480	100%

（二）U8–U12棒球运动员的专项素质评价标准

表4　U8–U12棒球运动员的专项素质评价标准

得分	U8（垒间距16.00米）		U10（垒间距18.29米）			U12（垒间距22.86米）			
	掷远（米）	全垒跑（秒）	掷远（米）	全垒跑（秒）	一垒跑（秒）	掷远（米）	全垒跑（秒）	一垒跑（秒）	6×6米折返跑（秒）
100	20.00	16.00	40.00	16.00	4.00	50.00	16.00	4.00	10.40
99	19.90	16.06	39.70	16.06	4.01	49.75	16.06	4.01	10.44
98	19.80	16.12	39.40	16.12	4.02	49.50	16.12	4.02	10.47
97	19.70	16.18	39.10	16.18	4.03	49.25	16.18	4.03	10.51
96	19.60	16.24	38.80	16.24	4.04	49.00	16.24	4.04	10.54
95	19.50	16.30	38.50	16.30	4.05	48.75	16.30	4.05	10.58
94	19.40	16.36	38.20	16.36	4.06	48.50	16.36	4.06	10.62
93	19.30	16.42	37.90	16.42	4.07	48.25	16.42	4.07	10.65
92	19.20	16.48	37.60	16.48	4.08	48.00	16.48	4.08	10.69
91	19.10	16.54	37.30	16.54	4.09	47.75	16.54	4.09	10.72
90	19.00	16.60	37.00	16.60	4.10	47.50	16.60	4.10	10.76
89	18.90	16.66	36.70	16.66	4.11	47.25	16.66	4.11	10.80
88	18.80	16.72	36.40	16.72	4.12	47.00	16.72	4.12	10.83
87	18.70	16.78	36.10	16.78	4.13	46.75	16.78	4.13	10.87
86	18.60	16.84	35.80	16.84	4.14	46.50	16.84	4.14	10.90
85	18.50	16.90	35.50	16.90	4.15	46.25	16.90	4.15	10.94
84	18.40	16.96	35.20	16.96	4.16	46.00	16.96	4.16	10.98
83	18.30	17.02	34.90	17.02	4.17	45.75	17.02	4.17	11.01
82	18.20	17.08	34.60	17.08	4.18	45.50	17.08	4.18	11.05
81	18.10	17.14	34.30	17.14	4.19	45.25	17.14	4.19	11.08
80	18.00	17.20	34.00	17.20	4.20	45.00	17.20	4.20	11.12
79	17.90	17.26	33.70	17.26	4.21	44.75	17.26	4.21	11.16
78	17.80	17.32	33.40	17.32	4.22	44.50	17.32	4.22	11.19
77	17.70	17.38	33.10	17.38	4.23	44.25	17.38	4.23	11.23
76	17.60	17.44	32.80	17.44	4.24	44.00	17.44	4.24	11.26
75	17.50	17.50	32.50	17.50	4.25	43.75	17.50	4.25	11.30
74	17.40	17.56	32.20	17.56	4.26	43.50	17.56	4.26	11.34
73	17.30	17.62	31.90	17.62	4.27	43.25	17.62	4.27	11.37
72	17.20	17.68	31.60	17.68	4.28	43.00	17.68	4.28	11.41
71	17.10	17.74	31.30	17.74	4.29	42.75	17.74	4.29	11.44
70	17.00	17.80	31.00	17.80	4.30	42.50	17.80	4.30	11.48
69	16.90	17.86	30.70	17.86	4.31	42.25	17.86	4.31	11.52
68	16.80	17.92	30.40	17.92	4.32	42.00	17.92	4.32	11.55
67	16.70	17.98	30.10	17.98	4.33	41.75	17.98	4.33	11.59
66	16.60	18.04	29.80	18.04	4.34	41.50	18.04	4.34	11.62

(续表)

得分	U8（垒间距16.00米）		U10（垒间距18.29米）			U12（垒间距22.86米）			6×6米折返跑（秒）
	掷远（米）	全垒跑（秒）	掷远（米）	全垒跑（秒）	一垒跑（秒）	掷远（米）	全垒跑（秒）	一垒跑（秒）	
65	16.50	18.10	29.50	18.10	4.35	41.25	18.10	4.35	11.66
64	16.40	18.16	29.20	18.16	4.36	41.00	18.16	4.36	11.70
63	16.30	18.22	28.90	18.22	4.37	40.75	18.22	4.37	11.73
62	16.20	18.28	28.60	18.28	4.38	40.50	18.28	4.38	11.77
61	16.10	18.34	28.30	18.34	4.39	40.25	18.34	4.39	11.80
60	16.00	18.40	28.00	18.40	4.40	40.00	18.40	4.40	11.84
59	15.90	18.46	27.70	18.46	4.41	39.75	18.46	4.41	11.88
58	15.80	18.52	27.40	18.52	4.42	39.50	18.52	4.42	11.91
57	15.70	18.58	27.10	18.58	4.43	39.25	18.58	4.43	11.95
56	15.60	18.64	26.80	18.64	4.44	39.00	18.64	4.44	11.98
55	15.50	18.70	26.50	18.70	4.45	38.75	18.70	4.45	12.02
54	15.40	18.76	26.20	18.76	4.46	38.50	18.76	4.46	12.06
53	15.30	18.82	25.90	18.82	4.47	38.25	18.82	4.47	12.09
52	15.20	18.88	25.60	18.88	4.48	38.00	18.88	4.48	12.13
51	15.10	18.94	25.30	18.94	4.49	37.75	18.94	4.49	12.16
50	15.00	19.00	25.00	19.00	4.50	37.50	19.00	4.50	12.20
49	14.90	19.06	24.70	19.06	4.51	37.25	19.06	4.51	12.24
48	14.80	19.12	24.40	19.12	4.52	37.00	19.12	4.52	12.27
47	14.70	19.18	24.10	19.18	4.53	36.75	19.18	4.53	12.31
46	14.60	19.24	23.80	19.24	4.54	36.50	19.24	4.54	12.34
45	14.50	19.30	23.50	19.30	4.55	36.25	19.30	4.55	12.38
44	14.40	19.36	23.20	19.36	4.56	36.00	19.36	4.56	12.42
43	14.30	19.42	22.90	19.42	4.57	35.75	19.42	4.57	12.45
42	14.20	19.48	22.60	19.48	4.58	35.50	19.48	4.58	12.49
41	14.10	19.54	22.30	19.54	4.59	35.25	19.54	4.59	12.52
40	14.00	19.60	22.00	19.60	4.60	35.00	19.60	4.60	12.56
39	13.90	19.66	21.70	19.66	4.61	34.75	19.66	4.61	12.60
38	13.80	19.72	21.40	19.72	4.62	34.50	19.72	4.62	12.63
37	13.70	19.78	21.10	19.78	4.63	34.25	19.78	4.63	12.67
36	13.60	19.84	20.80	19.84	4.64	34.00	19.84	4.64	12.70
35	13.50	19.90	20.50	19.90	4.65	33.75	19.90	4.65	12.74
34	13.40	19.96	20.20	19.96	4.66	33.50	19.96	4.66	12.78
33	13.30	20.02	19.90	20.02	4.67	33.25	20.02	4.67	12.81
32	13.20	20.08	19.60	20.08	4.68	33.00	20.08	4.68	12.85
31	13.10	20.14	19.30	20.14	4.69	32.75	20.14	4.69	12.88
30	13.00	20.20	19.00	20.20	4.70	32.50	20.20	4.70	12.92
29	12.90	20.26	18.70	20.26	4.71	32.25	20.26	4.71	12.96
28	12.80	20.32	18.40	20.32	4.72	32.00	20.32	4.72	12.99

（续表）

得分	U8（垒间距16.00米）		U10（垒间距18.29米）			U12（垒间距22.86米）			
	掷远（米）	全垒跑（秒）	掷远（米）	全垒跑（秒）	一垒跑（秒）	掷远（米）	全垒跑（秒）	一垒跑（秒）	6×6米折返跑（秒）
27	12.70	20.38	18.10	20.38	4.73	31.75	20.38	4.73	13.03
26	12.60	20.44	17.80	20.44	4.74	31.50	20.44	4.74	13.06
25	12.50	20.50	17.50	20.50	4.75	31.25	20.50	4.75	13.10
24	12.40	20.56	17.20	20.56	4.76	31.00	20.56	4.76	13.14
23	12.30	20.62	16.90	20.62	4.77	30.75	20.62	4.77	13.17
22	12.20	20.68	16.60	20.68	4.78	30.50	20.68	4.78	13.21
21	12.10	20.74	16.30	20.74	4.79	30.25	20.74	4.79	13.24
20	12.00	20.80	16.00	20.80	4.80	30.00	20.80	4.80	13.28
19	11.90	20.86	15.70	20.86	4.81	29.75	20.86	4.81	13.32
18	11.80	20.92	15.40	20.92	4.82	29.50	20.92	4.82	13.35
17	11.70	20.98	15.10	20.98	4.83	29.25	20.98	4.83	13.39
16	11.60	21.04	14.80	21.04	4.84	29.00	21.04	4.84	13.42
15	11.50	21.10	14.50	21.10	4.85	28.75	21.10	4.85	13.46
14	11.40	21.16	14.20	21.16	4.86	28.50	21.16	4.86	13.50
13	11.30	21.22	13.90	21.22	4.87	28.25	21.22	4.87	13.53
12	11.20	21.28	13.60	21.28	4.88	28.00	21.28	4.88	13.57
11	11.10	21.34	13.30	21.34	4.89	27.75	21.34	4.89	13.60
10	11.00	21.40	13.00	21.40	4.90	27.50	21.40	4.90	13.64
9	10.90	21.46	12.70	21.46	4.91	27.25	21.46	4.91	13.68
8	10.80	21.52	12.40	21.52	4.92	27.00	21.52	4.92	13.71
7	10.70	21.58	12.10	21.58	4.93	26.75	21.58	4.93	13.75
6	10.60	21.64	11.80	21.64	4.94	26.50	21.64	4.94	13.78
5	10.50	21.70	11.50	21.70	4.95	26.25	21.70	4.95	13.82
4	10.40	21.76	11.20	21.76	4.96	26.00	21.76	4.96	13.86
3	10.30	21.82	10.90	21.82	4.97	25.75	21.82	4.97	13.89
2	10.20	21.88	10.60	21.88	4.98	25.50	21.88	4.98	13.93
1	10.10	21.94	10.30	21.94	4.99	25.25	21.94	4.99	13.96
0	10.00	22.00	10.00	22.00	5.00	25.00	22.00	5.00	14.00

备注：1. 采用标准百分法：U12掷远、全垒跑、一垒跑及6×6米折返跑满分点分别是50米、16秒00、4秒00、10秒40，零分点分别是25米、22秒00、5秒00、14秒00；U10掷远、全垒跑、一垒跑满分点分别是40米、16秒00、4秒00，零分点分别是10米、22秒00、5秒00；U8掷远、全垒跑满分点分别是20米、16秒00，零分点分别是10米、22秒00。

2. U8的垒间距离为16米；U10采用breet 200软式棒球，垒间距离为18.29米；U12采用breet 200软式棒球，垒间距离为22.86米。

（三）业余体校（高中）招生标准（仅供参考）

表5　业余体校（高中）招生标准

		指标 项目	一等		二等		三等		四等		五等		备注
			标准	分值	标准	分值	标准	分值	标准	分值	标准	分值	
10%	形体	身高（厘米）	185	5	180	4	175	3	170	2	168	1	
		臂长（厘米）	+5	5	+4	4	+3	3	+2	2	+1	1	
70%	素质28%	一垒跑	3秒8	7	4秒	6	4秒2	5	4秒4	4	4秒6	3	
		6×6米折返跑	9秒5	7	10秒	6	10秒5	5	11秒	4	11秒5	3	
		双脚立定跳（米）	3	7	2.8	6	2.6	5	2.4	4	2.2	3	
		全垒跑	16秒	7	16秒40	6	16秒80	5	17秒	4	17秒40	3	
	专项技术42%	棒球掷远（米）	90	7	85	6	75	5	70	4	60	3	
		接地滚球（防守位置）	8/10	7	6/10	6	5/10	5	4/10	4	3/10	3	
		垒间投准	8/10	7	6/10	6	5/10	5	4/10	4	3/10	3	
		投手投球（好球区）	7/10	7	6/10	6	5/10	5	4/10	4	3/10	3	
		抛击（打远）	70	7	65	6	60	5	55	4	50	3	
		接高飞球（防守位置半径25米）	5/6	7	4/6	6	3/6	5	2/6	4	1/6	3	
20%	综合评定	教练专家意见	动作协调、发力合理（传球挥棒）8分，球感4分 手臂速率4分，移动灵活4分										
总分							总评						

154

表6 业余体校（高中）考核成绩对照表

高一

	身体素质			专项素质				专项技术	
	立定跳	仰卧起坐	6×6米折返跑	一垒跑	全垒跑	掷远	抛击打远	抛击平球（35米）	35米投准（传2×2网）米
优	2米30	55	9秒50	3秒90	16秒80	80	80	6/10	8/10
良	2米20	50	10秒	4秒10	17秒40	70	70	4/10	6/10
合格	2米10	45	10秒50	4秒30	18秒	60	60	2/10	4/10

高二

	身体素质			专项素质					专项技术		
	卧推	下蹲	引体向上	折返跑	全垒跑	一垒跑	掷远	抛击打远	接地滚球传杀一垒（游击位置）	中击平球率（发球机100千米）	外场高飞球传本垒（60米）
优	85	120	20	9秒20	16秒50	3秒80	90	90	3秒80	6/10	7秒90
良	70	100	14	9秒70	17秒10	4秒	80	80	4秒	4/10	8秒10
合格	55	80	8	10秒20	17秒80	4秒20	70	70	4秒20	2/10	8秒30

高三

	身体素质		专项素质				专项技术			
	引体向上	立定跳	一垒跑	全垒跑	掷远	抛击打远	接地滚球传杀一垒（游击位置）	外场高飞球传本垒（70米）	投手球吃中（发球机180千米）	比赛中各项统计
优	22	2米40	3秒70	16秒30	95	95	3秒70	7秒80	5/10	
良	16	2米30	3秒90	16秒90	85	85	3秒90	8秒	3/10	
合格	10	2米20	4秒10	17秒50	75	75	4秒10	8秒20	1/10	

表7 专项技术评分标准

等级（分值范围）	评价标准
优（8.6~10分）	熟练地完成技术动作，动作正确、规范、协调连贯、实效
良（7.6~8.5分）	较熟练地完成技术动作，动作正确、规范
中（6~7.5分）	合理有效地完成技术动作，动作正确
差（6分以下）	基本能完成技术动作，动作正确但不协调、规范

第七章 棒球运动中常见的运动损伤及预防措施

第一节 常见的运动损伤

一、肩关节的损伤

（一）解剖

狭义的肩关节指肩肱关节（盂肱关节），但在肩部的活动中，实际上是肩肱关节、胸锁关节、肩锁关节及肩胛骨与胸壁的连接（肩胛胸壁关节）、肩峰下机制（第二肩关节）、喙锁机制（喙锁关节）这6个关节彼此共同运动。

肩肱关节，是人体最灵活的关节，主要决定于两个解剖因素，首先，两个关节面显著不对称；其次，关节韧带装置薄弱，对关节稳定作用甚小，取而代之的是肌肉组织。

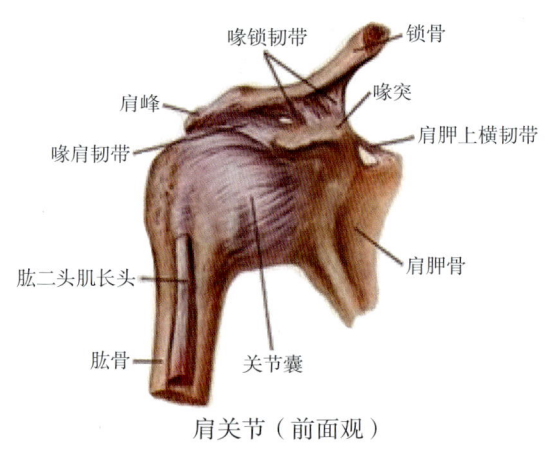

肩关节（前面观）

（二）常见损伤的种类

1. 肩峰下滑囊炎

肩峰下（三角肌下）滑囊介于三角肌深面与喙肩弓及肩肱关节外侧面之间。上为肩峰，下为冈上肌腱止点，起到保证肩关节顺利外展的作用。此滑囊对于棒球运动员来说极易受到损伤,多数青少年运动员在刚刚出现肩关节疼痛时,往往只是单纯的肩峰下滑囊炎。这时只要注意冰敷,调整训练,再进行一些针灸理疗就可以痊愈。但如果不及时对其进行治疗,后期反复发生炎症则会出现囊壁增厚、变性、钙化等病变。

2. 肩关节撞击症

肱骨头及大结节反复撞击肩峰前缘及下面前方引起局部骨赘增生及骨质硬化、肩峰下滑囊受挤压,造成肩部疼痛、力弱及活动受限。对于棒球运动员来说,主要有肩峰的撞击,喙突与喙肱韧带的撞击。前者由于肩关节反复上举外展造成,后者通常由于动作进行不当造成。

3. 肩袖损伤

肩袖撕裂(部分断裂):肩袖肌肉由冈上肌、冈下肌、小圆肌、肩胛下肌共同组成,起到维持肩关节稳定的作用。在棒球运动中,对于运动员肩袖的要求是相当高的。当球被投出后,肩关节后部受到的牵拉很大。由于肩关节的解剖特点决定了其关节前方较薄弱,因此关节的复位要靠肩袖肌群,关节囊后部的弹性回缩来完成。反复的外展上举动作使肩袖在肩峰下反复摩擦,被动的牵拉回弹造成了肌肉的劳损。在这种情况下,轻者会出现肌腱、滑囊的炎症,严重者会出现部分断裂。

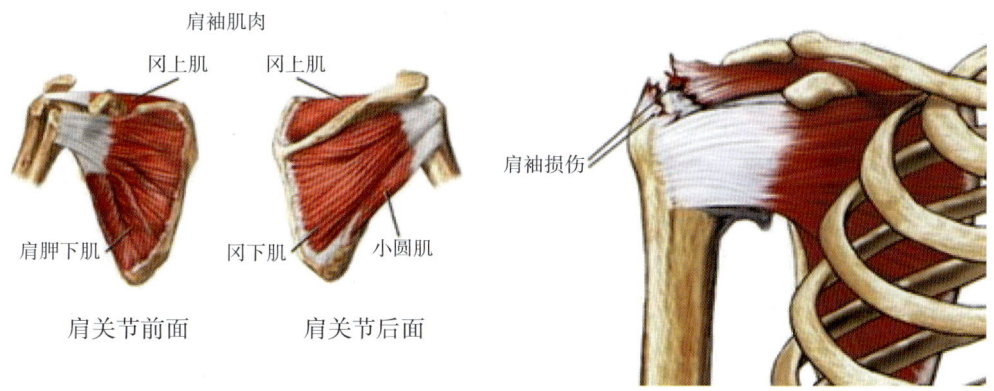

4. 盂唇损伤

肩关节骨性结构特点造成了肩关节的稳定性极差，同时活动范围又极大。关节盂唇就是附着在肩关节骨性结构边缘的纤维软骨，起到增加肩关节稳定性的作用。较其他位置的球员而言，往往投手的盂唇更容易受到损伤。前上盂唇或（和）后盂唇的损伤较多见。前上盂唇一般是由于肱二头肌的附着，投球时被反复牵拉而造成损伤；后盂唇往往是由于投球后随摆不够，肱骨头回弹撞击而造成损伤。

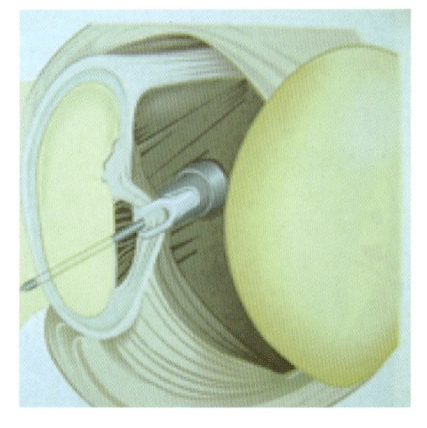

5. 肩关节脱位

根据肩关节的构造可以看出，关节的后方和上方韧带结构较多，相对紧密。前下方结构松弛，在上臂外展外旋位时，容易造成前下方脱位。有部分脱位，能够自行复位，但如果不及时固定，极易造成反复发作的习惯性脱位。

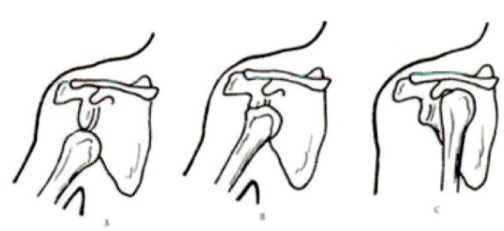

二、肘关节的损伤

（一）解剖

肘关节包括三个关节，即肱尺关节、肱桡关节和桡尺近侧关节，在功能上彼此密切联系，应当作为一个整体来看待。

肱尺关节由肱骨滑车和尺骨滑车切迹构成，是肘关节的主要部分。肱桡关节由肱骨头和桡骨小头凹构成。桡尺近侧关节由尺骨的桡骨切迹与桡骨小头的环状关节面构成。

棒球运动员肘关节的软组织损伤主要出现在肱肌和尺侧副韧带，骨性损伤主要出现在鹰嘴窝。

（二）种类

1. 肱肌劳损

肱肌位于肱二头肌深面，上端呈"V"形，与三角肌止点相连接，止端与肘关节囊相连接。作用为帮助屈肘起始及前臂旋前屈肘和肘关节制动。

在投球终末期时，棒球运动员的肘关节处于旋前伸直位，要求屈肌对关节进行制动，肱肌扮演着重要的角色。每次关节伸直的过程都会使肱肌受到被动牵拉，同时肱肌本身产生离心收缩，这些都增加了肱肌的劳损概率。因此，肱肌劳损在棒球运动员肘关节疼痛中占很大比例。有些肘关节内侧的疼痛，关节活动障碍，都是由肱肌劳损引起的。

2. 撞击症

在棒球运动中，由于球员的鹰嘴和鹰嘴窝反复地撞击，造成肘关节肿胀，鹰嘴及鹰嘴窝压痛，并有伸直障碍，有的会产生游离体。

3. 内侧副韧带的损伤

肘关节做强迫外翻动作，或肘关节依肱骨纵轴做强力旋转时可导致内侧副韧带损伤。投手在投球时就是肘关节强力外翻并旋转的过程。因此内侧副韧带的损伤在肘关节损伤中占很大比例。内侧副韧带损伤后会出现伸直疼痛，食指、中指牵拉痛、抗阻痛以及内侧副韧带附着点压痛等症状，会严重影响球员训练和比赛。

4. 尺神经沟炎（肘管综合征）

指尺神经经尺神经沟的骨筋膜管时，受到挤压会引起尺神经麻痹。由于棒球运动员在传球和投球时，骨筋膜管会极度地外翻，导致尺神经反复受到牵拉，神经的张力上升，致使尺神经沟炎出现。此外，内侧副韧带受伤后，增生也是导致尺神经沟炎发生的原因之一。

三、腰部的损伤

（一）解剖

腰部骨骼由5块腰椎和1块骶椎组成。椎体间由椎间关节连接。腰部的椎间关节的关节面在上腰部接近矢状位，在腰骶部近似冠状位。因此，腰部的主要运动方式是前屈、后伸和侧屈。椎骨间由强有力的韧带连接，同时辅以肌肉共同起到稳定脊柱的作用。脊柱可以沿3条轴运动，同时还能做弹拨运动，如跳跃时椎间盘的减震作用。

（二）种类

1. 腰肌劳损

这是一个不科学的用词，通常包括了腰部相关肌肉的劳损和脊柱小关节、韧带的劳损。主要表现为腰部疼痛和活动受限。对于棒球来说，主要是由于单侧的重复发力导致。在青少年的实际训练中，要注意急性损伤的发生。同时青少年运动员要注意对不良姿势的纠正，往往是训练中，没有受伤但是在日常生活中长期的不良姿势造成的腰部相关肌肉、韧带、关节的劳损。

2. 腰三横突综合征

由于第三腰椎横突较其他椎体横突长，有较多肌肉附着，因此该处更易出现劳损。表现为腰疼，活动受限，有部分人群还会出现向臀部放射感这一症状。腰三横突综合征极易与椎间盘突出混淆。临床上有大部分诊断为椎间盘突出的病人，通过治疗腰三横突得到缓解或治愈。青少年运动员因为椎间盘含水量较多，本不易出现椎间盘突出，但长期高强度的训练却使他们极易遭受到腰三横突综合征的困扰。

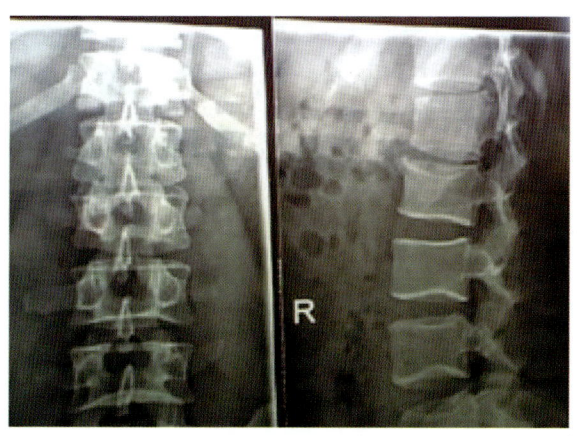

3. 骶髂关节损伤（错位）

骶髂关节在构造上属于滑膜关节，从运动范围来看属于微动关节。其周围有强有力的韧带保护。

一般来说，年龄越小，骶髂关节的活动度越大，如果青少年运动员的骶髂关节发生损伤或错位，就会出现腰疼、髋关节不适、阴部不适以及大腿疼痛等症状。这往往是由于急性扭伤所导致的，长期髂腰肌紧张也是造成骶髂关节向前旋转错位的原因。

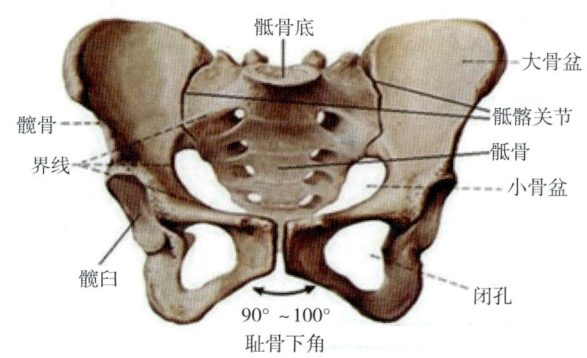

4. 梨状肌损伤

该肌位于臀部，有坐骨神经从肌肉经过。伸髋时使髋外旋，屈髋时使髋外展。运动员在训练中如果不注意对梨状肌的放松，而出现梨状肌紧张甚至痉挛，就会出现坐骨神经压迫及腰痛的症状。如果运动员在这时候接受了放射检查,且检查结果为椎间盘突出,那十有八九会被误诊为椎间盘突出。

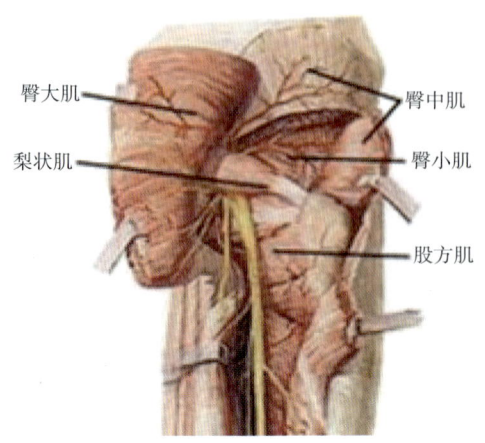

5. 腰椎间盘突出

椎间盘由于外伤或本身变性,髓核、纤维环或两者向椎管内或椎间孔突出。腰椎间盘突出的部分挤压神经根,可引起充血、水肿或变性等变化。长时间的突出会造成组织钙化。椎间盘退化引起的椎间孔缩小,亦能引起神经压迫症状。一般多发于腰4-5,腰5骶1,偶发于腰3-4。

发于腰3-4:膝腱反射多减弱或消失,大腿前部和小腿内侧感觉减退或异常,腰3棘突压痛;

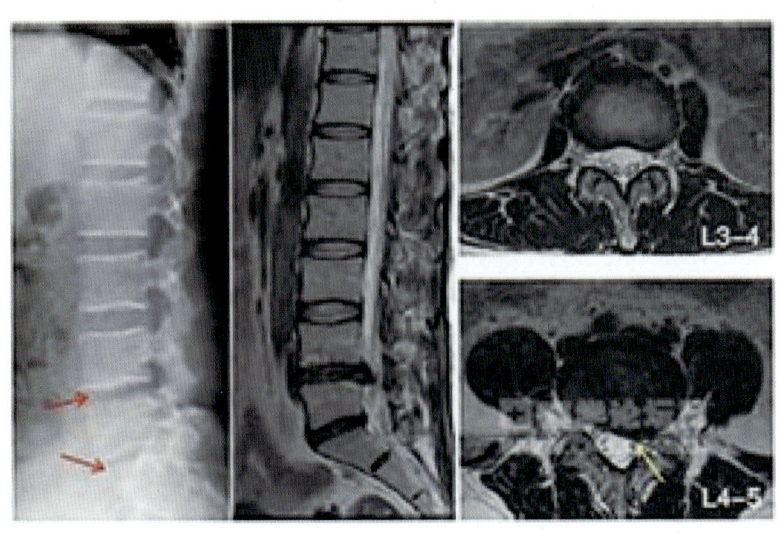

发于腰4-5：大腿后部、小腿外侧、足背内侧及脚趾或1、2趾背侧感觉障碍，腰4棘突压痛；

发于腰5骶1：跟腱反射减弱或消失，大腿及小腿后部、小腿外侧、足背外侧及4趾或3、4、5趾背侧感觉障碍，腰5棘突压痛。

需要指出的是：首先，对于运动员来说，不是说患了椎间盘突出就一定不能训练。在良好的康复训练下，很多患有该症的运动员都取得了良好的成绩，甚至获得了冠军，不过这必须是在有准确的评估和专业的治疗，以及康复训练的共同作用的前提下。其次，椎间盘突出跟技术动作的完成情况，以及身体的日常姿态有着密不可分的联系，因此，广大运动员，尤其是青少年运动员要注意学习养成正确的技术动作，以预防该病的发生。最后，要提醒教练员，对于中央型突出的运动员要提高警惕，对运动员在训练量和训练强度以及训练方式上要进行个性化调整。

四、其他损伤

腕三角软骨盘是一块位于尺骨头与三角骨之间狭长区域内的纤维软骨，平面略呈三角形。棒球运动员在击球时较易出现腕三角软骨盘的损伤，预防办法主要是正确的打击动作和合理的支持带保护。

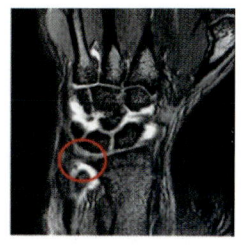

第二节　青少年骨骼的发育特点

一、发育特点

人体骨骼大部分由软骨骨化而成。中小学生骨骼的主要特点是软骨组织多，骨组织内水分和有机物较多，无机盐较少，所以青少年骨骼的弹性、韧性较大。随着年龄的增长，骨骼内的无机盐逐渐增多，水分减少。20岁以后骨化逐渐完成。

在下图里可以看到骨骺闭合的大体年龄：肱骨外髁——15岁；桡骨头——16岁；肱骨小头、内上髁、喙突——18岁；尺骨、桡骨下骺——19岁；肩峰——20岁。

一、原发性骨化中心出现时间

见表B-1。

二、骨骺出现和闭合年龄

见表B-2。

二、骨骺损伤的并发症

骺板损伤除了有一般骨折的并发症外，特有的并发症可导致骨骼生长功能障碍。其预后与受伤年龄、该骺板生长潜力和累及范围有关。发病年龄小、生长潜力大的骨骺受损，一旦发生并发症致畸形的程度会很高。

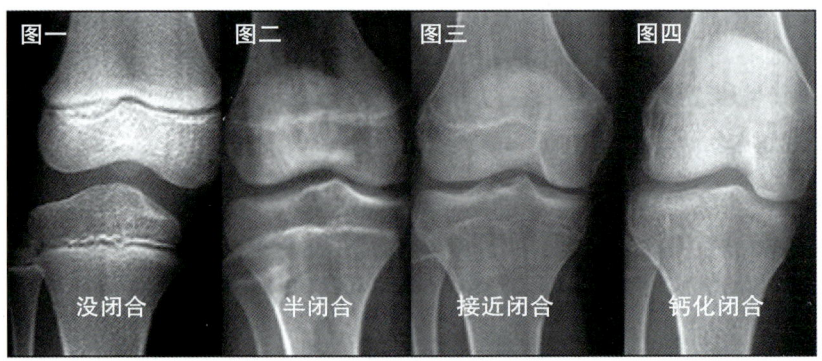

图一 没闭合　图二 半闭合　图三 接近闭合　图四 钙化闭合

骺板损伤虽可导致骨生长障碍，但大多数骨骺损伤患者最后的恢复状况都比较理想，生长发育严重受影响者只占总体人数的5%~10%。

骺板生长功能遏制有两种原因：骺板生长区软骨损伤破坏或血供障碍而致骺板失去生机提前闭合；骺板骨折错位愈合、局部形成骨桥而使生长受到遏制。

骨骺受到损伤后，出现骨生长障碍的人数约占全部人数的15%，绝大多数由Ⅲ~Ⅴ型损伤所致。如果单根骨的骺板停止生长（如股骨），就会出现两侧肢体长度不等长。如果由两根骨（小腿或前臂）组成，其中一根劳累过度，就会出现同一肢体胫腓骨或尺桡骨之间长度不一的症状，导致附近关节成角畸形，如踝关节内翻或外翻、腕关节尺偏或桡偏畸形等；如果骺板中的一部分发生生长障碍，例如，胫骨上端的内侧骺板停止生长，而其余部分正常生长，则会发生成角畸形，如膝内翻；如果骺板中央停止生长，造成骨折，但区域不大，由于周围部分的生长，会造成中央骨桥断裂，但不发生畸形。骨骺提前闭合的治疗应根据患者的年龄，了解其潜在生长能力，熟悉畸形的部位、性质和程度，从而选择不同的方法。

因此，在训练的时候要对青少年运动员进行训练量和训练强度的严格控制。对于18岁以下的运动员，尤其是投手，在曲线球和变化球的训练上要小心，因为长期需要运用剪切力和扭转力对骨骼的发育是不利的，对韧带的牵拉也较直线球更大。另外，直线球对于鹰嘴和肘关节窝的撞击也是需要考虑的，这就要求教练员在训练中要重视运动员的投球动作，尤其是随摆动作的充分完成。

第三节　运动损伤的预防

运动损伤的预防，主要包括如下五个方面：充沛的体能、正确的技术动作、充分的准备活动和放松牵拉、相关力量的强化训练以及日常生活作息的教育。

一、充沛的体能

有调查研究显示：造成运动损伤的原因主要是运动量过大（28.2%）、准备活动不正确（20.2%）、身体机能状况不良（16.9%）、场地设备不良（11.3%）、心理状态不良（9.9%）、技术动作的缺点和错误（7.8%）、身体素质不佳（4.5%）以及其他因素（1.0%）。

其中，运动量过大（28.2%）、身体机能状况不良（16.9%）以及身体素质不佳（4.5%）合起来占全部因素的59.6%。

这表明，身体状况不佳、疲劳以及体能下降的时期是运动损伤的高发时期，这就要求教练员必须对运动员有充分的了解，需观察运动员在训练时，尤其是接受训练后期时的表现，以发现可能存在的体能问题并对其及时解决，进而防止运动员受伤。当然，如果能够做到个性化训练是最好的。

二、正确的技术动作

每一项运动都有自己的正确动作。什么是正确的动作呢？科学理解为：正确的动作就是符合人体对身体的使用规律，能达到相似动作中的最大做功，并针对专项合理的动作。

这有三层意思，第一，符合人体使用规律。人体的动作从根本上分为两类，一类是两侧的交替运动，比如，跑步就是典型的左右交替的运动，涉及棒球中的跑垒；另一类是旋转运动，比如，棒球中的投球以及传球就是典型的旋转运动。第二，相似动作中做功最大。同样是击球，有的人击得远，有的人击得近。造成这种现象的一个原因是绝对力量，另一个原因是击球动作。同一个球员，如果把动作改了之后能打得更远就是因为击球动作得到了改变。第三，针对专项合理的动作。比赛中的冲撞，有些是合理的，有些是犯规的，如滑垒，我们要往垒垫上滑，不能往防守队员脚上蹬，有人说在比赛中有时候就得往脚上蹬，这涉及战术问题，属于非常规的动作；再比如，不少练习棒球的青少年都观看过大联盟比赛的精彩防守集锦，在这些大联盟比赛防守中会出现一些非常规动作的传球，那些动作在平时训练中是不可能专门练到的，但是在当时的情况下却是最合理的，否则就要被对方上垒或者得分。

所以在训练中，教练员对于正确动作的把控是相当重要的，这不仅能够预防伤病，还能够提高队伍的比赛成绩。

三、充分的准备活动和放松牵拉

造成运动损伤的另一个重要原因是准备活动不正确，那么准备活动应该怎么做？

传统的准备活动包括韧带的牵拉、关节的活动及肌肉的活动，这些活动的主要目的是让身体热起来。首先是准备活动中的牵拉。牵拉的目的是让关节有更好的柔韧性，所有牵拉的目的似乎都是让关节的活动范围更大。但是，青少年在从事棒球运动时，需要的是关节的稳定，因为只有稳定的关节才能在运动中为我们提供可靠的保障。关节是灵活性和稳定性相结合的，灵活性更多的是靠神经的控制，是神经对肌肉的控制，稳定性靠的是韧带，是坚强的韧带，是关节的本体感觉。过度牵拉会使韧带趋于松弛，使关节的稳定性下降，所以，准备活动的牵拉动作不宜太过。

同时，在准备活动中还需要让神经兴奋起来，保持神经兴奋是运动的必要准备。动作的频率要靠神经的控制，而不仅仅是肌肉的力量，在相同力量的情况下，神经的兴奋程度越高，集合的神经元越多，动作的速率越快，力量表现也就越大。

此外，还必须让肌肉预热。青少年在进行棒球运动时要让大脑调动更多的运动单元来完成任务，那些日常使用不到的运动单元都需保持兴奋的状态。

下肢肌肉可以通过慢跑及弹跳动作来得到预热，而上肢肌肉则应通过小的、适当的力量练习来预热，这是为什么呢？

有很多人认为，在训练和比赛前进行力量练习会消耗过多体能，诚然，大量的力量训练必然会消耗不少体能。但是，较小强度的力量训练则不同。较小强度的力量训练有助于让肌肉（尤其是在运动中被动运动的肌肉）做好运动的准备。对于棒球运动来说，主要要让肩袖肌群得到小强度的力量训练。肩袖肌群的作用主要是稳定肩关节，肩关节是人体上活动范围最大的关节，通过解剖，可以看到肱骨是靠一系列肌肉和筋膜悬吊在身体上的。如果把这些肌肉和筋膜去掉，上肢就与身体分离开了。所以，肩关节的运动稳定主要依靠肌肉和筋膜。肩袖包括4块肌肉，这4块肌肉在我们做投掷运动的时候能够起到至关重要的作用——肱骨的回弹。当我们做投掷运动的时候，在某一瞬间，肩关节甚至可以处于半脱位的状态，之后要靠肩袖的肌肉把肱骨拉回关节盂，这种肌肉的被动收缩对于肌肉的负荷是相当大的。因此，在平时训练和比赛前，要充分拉伸肩袖的肌肉，加强肌肉的张力，以适应接下来的做功。

再谈谈放松牵拉。运动后肌肉处于充血状态，肌纤维增粗。由于肌肉组织和纤维结缔组织的膨胀率不同，导致了包裹纤维的肌膜的紧张。紧张的肌膜会阻碍肌肉的血液运输，阻碍淋巴回流，这也是为什么运动后会产生肌肉酸痛的解释之一。在运动后进行牵拉放松能够有效地增加筋膜的柔韧性，减轻对肌肉组织的束缚。比如，棒球运动员在完成了大量的传球和投球动作后，肩关节的关节囊会有轻微的损伤，如果让这些损伤自行修复，则会形成过多的瘢痕组织，造成关节囊的紧缩，进而造成盂肱关节位置的异常，最终导致出现冈上肌腱的卡压，出现肩峰撞击症，产生疼痛感。因此，训练后的放松牵拉是预防伤病的有效手段，不能被忽略。

四、相关力量的强化训练

每一个运动项目都有自己的特点。例如，跑跳的项目对下肢的要求相对较高，投掷的项目对上肢的要求相对较高。棒球是一项跑跳与投掷相结合的项目，但是较下肢来说，上肢更容易受到损伤。上肢损伤中的大部分是肩肘损伤，因此，增强肩关节和肘关节的力量是必须的。下面四项是容易被忽视的训练。

（一）肩袖肌群

肩袖肌群包括冈上肌、冈下肌、小圆肌及肩胛下肌，其中除了肩胛下肌是负责内旋运动外，其余三块肌肉都是负责外旋运动的。因此，要进行肩关节在0°、45°以及90°的内、外旋的力量训练，以加强肩关节稳定性。

（二）肱肌

肱肌负责屈肘运动，并先于肱二头肌收缩。也就是说，在做屈肘运动时，肱肌是初始发力的肌肉。在屈肘的终末期、前臂旋前的情况下，肱肌会接替肱二头肌发力，因此练习方法是负重屈肘运动。首先练习者需完全伸直开始练习，并在屈肘过程中，逐渐将前臂旋前直至肘关节完全屈曲。

（三）前臂肌肉

前臂肌肉练习的目的是协助肘关节内外侧副韧带，加强肘关节的稳定性。主要动作是手腕的屈、伸运动以及尺偏和桡偏。

（四）后背肌肉

后背肌肉练习的目的是增强肩胛骨的稳定性。后背肌肉包括肩胛提肌、斜方肌、大小菱形肌、背阔肌及前锯肌。前锯肌的力量大小对稳定肩胛骨、减少肩峰撞击症发生的可能性有着至关重要的作用。

五、日常生活作息的教育

（一）充足的睡眠时间

睡眠不足会导致注意力不集中、体能下降，使棒球练习者容易在训练中出现伤病。成年人每日睡眠时间应为7至9小时，有效的入睡时间最晚是在子时前，也就是晚上11点前，最好的入睡时间是在晚上9点。因此，成年人即使无法在9点前入睡，也最好要在晚上10点前入眠。

（二）良好的坐立行姿态

教练员要时刻提醒运动员注重养成良好的生活习惯，保持良好的姿态，这样才能巩固疗效、减少受伤。

第四节 伤后的康复训练

所谓运动损伤后的康复训练是指通过练习将运动员损伤后的身体功能在最短的时间内恢复到原来的水平，甚至高于原来的水平。运动损伤后的康复训练不仅能帮助运动员迅速恢复身体状态，更重要的是恢复其心理状态。

一、康复训练的目的

康复训练的形式是多种多样的，但无论采用何种练习方法，首先都要注意避免加重运动员的损伤症状，其次还需给运动员创造一个最理想的恢复与治疗环境。但运动员也不能因为受伤而不进行任何训练，可加强非受伤部位的练习。此外，康复训练更重要的一点就是要帮助运动员积极获得良好的心理状态。在恢复过程中，教练员要注意运动员心理的调整和恢复，避免加重运动员的心理负担，努力将心理状态和身体状况共同恢复到受伤前的水平。

二、康复训练的原则

运动员受伤后需立即进行康复训练，主要是对非受伤的部位进行训练。首先，训练目标要明确，要确定近期目标和远期目标，特别要注意运动员的积极性和动机。其次，要通过调整训练的方法和手段鼓励积极训练。最后，训练要保持适中的难度和强度，循序渐进，以避免加重运动员的损伤。

三、康复训练的内容

康复训练主要包括以下八个方面的内容：

（一）力量

对运动员单一肌肉的最大绝对力量进行训练。

（二）爆发力

对运动员在最短时间内的最大力量进行训练。

（三）强有力的耐力

对运动员的肌肉重复收缩能力进行训练。

（四）有氧耐力

对运动员向机体组织提供氧和能量的能力进行训练。

（五）柔韧度

对运动员的关节活动范围进行训练。

（六）平衡能力

对运动员在一定范围内的保持身体重心的能力进行训练。

（七）敏捷性

对运动员的快速协调能力进行训练。

（八）反应

对运动员身体的反应与控制能力进行训练。

不是所有的损伤都需要恢复上述所有能力，要视具体损伤部位和程度而定。

四、肩关节损伤康复训练的简述

棒球运动员的肩关节受到损伤后，会出现各种肩部不适的症状，在投球动作的不同阶段都可能出现疼痛的症状，有的还会出现关节活动范围受限的情况。因此，在肩关节受到损伤后要及时对其进行康复训练。在进行康复训练时一般须遵循以下步骤：

（一）休息

休息是必需的，也可以根据具体的损伤程度减少训练量。

（二）牵拉和干预

一般的损伤会在受伤48小时之后开始恢复，也就是会在此阶段产生瘢痕组织。组织的修复是必需的，但瘢痕组织产生过多又是不利的，会使我们的肌肉或肌腱组织僵硬或短缩。因此选择在这一阶段对恢复进行干预，能够使其产生的瘢痕组织处在适中的程度，更有利于今后的塑形和功能恢复。

（三）力量练习

在进行干预的同时需辅以力量练习。但力量训练的强度要适度，一旦练习者出现疼痛的感觉需立即减小力量练习的强度。

（四）评估

定期对康复训练的效果进行评估。

第一节　棒球比赛的基本方法

棒球比赛需要打9局，一方队伍需要派出9人上场防守，另一方队伍的运动员则按顺序上场进攻。比赛开始前双方事先挑好攻守顺序，先攻方为客队，先守方为主队。双方各派出9人上场，先守方（场上防守位置可以随时调换）按事先排好的防守位置上场防守，先攻方（打击顺序排定后本场比赛不可更换）按事先排好的棒次依次进行打击。防守方造成进攻方3人出局后，双方交换攻守，每队攻守一次为1局。进攻队运动员击球后跑垒，并在3人出局前依次踏触一、二、三垒，最后安全踏触本垒的进攻行为叫"得分"。9局比赛分数累计领先者为胜队，如打成平局，则需继续比赛，也被称为延长局比赛。延长局比赛须进行到决出胜负为止。棒球比赛持续时间较长，一般需要3小时左右，如双方比分相差10分及以上时，7局即可结束比赛；当双方比分相差15分及以上时，则5局即可结束比赛。

第二节　棒球比赛规则

详见《中国棒球协会棒球竞赛规则》。
网址：http://baseball.sport.org.cn/jsgz/index.html

附：棒球视频二维码链接

示范动作视频

附：青少年训练方法及示例

1. 投球比赛

练习内容： 投球。
训练目标： 1. 投球的准确性；2. 接地滚球；3. 团队合作。
活动规则：
- 每队3人，分别为投手、防守员和记分员，3人需轮换角色各1次，轮换次序应在比赛开始前确定。
- 投手站在投球线上，与挡墙相隔16米，4个球置于投球线后，防守员站在投球线后，记分员站在能看到投手击中目标的位置。
- 记分员喊"开始"，投手对准目标连续投球4个。防守员防守从挡墙反弹回来的地滚球，记分员记录投手投中目标的次数。当投手投完4个球后，3人互换角色。
- 每队3人都分别完成投球、接地滚球和记分，球回到投球线上，比赛结束，并喊"停"。
- 击中目标记1分，先完成的队伍另加3分。分数高的队伍胜出。

场地： 一面足够宽的挡墙，应满足两队同时投球，互不干扰。墙上挂着或画出投球目标。
器材： 每组4个棒球或网球，手套。
安全事项： 留意别人的位置，避免发生碰撞。
换个玩法：
- 不同尺寸投球目标。
- 根据孩子们的能力确定投球的数量和投中目标得分。
- 可变换投球距离。
- 可在不同时间内完成。

方法图示：

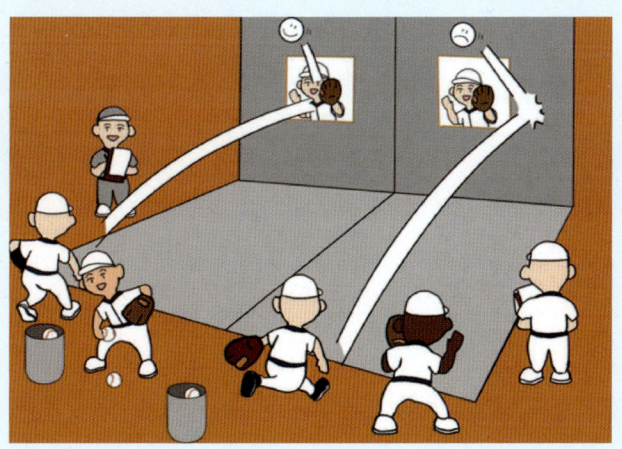

训练要点：
1. 投球前是否移动脚步让自己侧身面对目标？
2. 比赛时，你的队员没有击中目标，你有没有鼓励他们？

2. 全垒跑比赛

练习内容：跑垒。
训练目标：1.跑垒；2.团队合作。
活动规则：
- 将全队平均分成2个小组，并按跑垒接力比赛的顺序排队。一组安排在本垒起跑，另一组在二垒起跑。
- 当听到"开始！"时，各队的第一个队员手持棒球按逆时针方向跑，必须触踏到每一个垒包，当回到出发垒包时，把球交给下一位队员接力跑垒，跑完的队员回到队伍后面。
- 当所有队员都完成跑垒，并回到原来队伍中，比赛结束。

场地：简易的棒球内场（如T-ball场地）、体育馆、操场、足球场。
器材：4个垒包和2个棒球。
安全事项：当超越上前位跑垒员时，避免发生碰撞。
换个玩法：
- 变换垒间距离。
- 可增加到3组或4组同时跑全垒。

方法图示：

训练要点：
1. 跑垒时，你是否沿着最近跑垒路线以最快的速度跑？
2. 跑垒时，你是否踩到每一个垒？
3. 当本队的其他队员在跑垒时，你是否为他们加油？

3. 接球比赛

练习内容：接力接球。
训练目标：1. 跑；2. 接地滚球；3. 接平直球；4. 接高空球；5. 肩上传球；6. 团队合作。
活动规则：
• 将队员分成两组（可多组），一路纵队站在线后，与教练（或抛球者）相隔5米远，相对站立。
• 当听到"开始！"的口令后，教练员抛一个滚地球给第一名队员，接到球后，将球重新传给教练。
• 然后跑回队伍排在最后的位置。如果队员没接住球，则要去捡球并把球重新传给教练。
• 当所有队员都完成一次接传球后，比赛结束。先完成的队获胜。
场地：
• 体育馆、操场、足球场。
器材：
• 每组1个棒球或网球，每人1个接球手套。
安全事项：
• 接球员后面的球员不要离接球者太近，否则容易被球打中，接球员的眼睛需一直盯住来球。
换个玩法：
• 教练员可抛平飞球接力比赛。
方法图示：

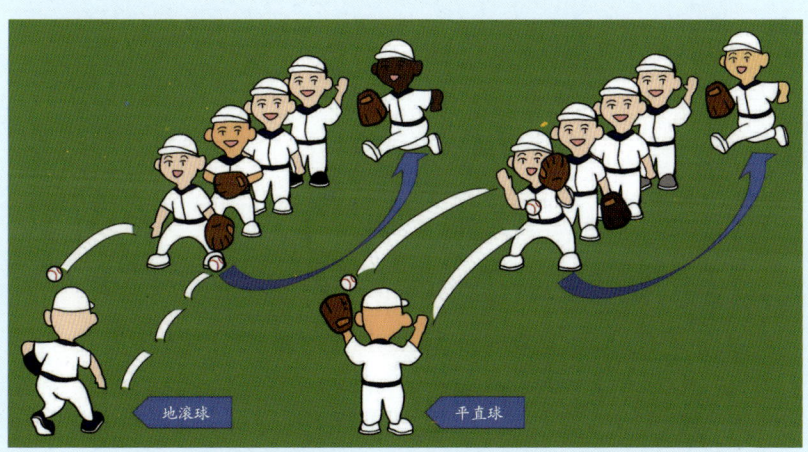

训练要点：
1. 接地滚球时，身体是否对准来球，手套像鳄鱼一样把球接住？
2. 接平直球时，身体是否正对来球？
3. 传球时，你是否调整脚步侧身面对目标？

4. 投接—弹球比赛

练习内容： 投球与接球。
训练目标： 1. 接球；2. 投球；3. 配合和判断能力。
活动规则：
- 6人平均分成两队，3人一队，分别站在画了中线的两边。随后两队进入随机的传接球比赛。
- 首先一方的一个队员把球扔过中线后触地反弹起来，另一方离球最近的队员需在球第二次触地前把球接住，然后以同样的方式扔回给对方。
- 每队有10分，失误一次扣一分，失误是指没能在球第二次触地前把球接住或接稳，传球时，球接触到中线或球出界等。当一方分数被扣完，另一方获胜。

场地：
- 一个长方形的区域，用粉笔画出或锥筒标出边线和底线。

器材：
- 每组1个棒球或网球，锥筒或其他标记物。

安全事项：
- 根据年龄，选择适宜的比赛场地。
- 接球时避免发生冲撞。
- 去接球时要喊"我的"。

方法图示：

训练要点：
1. 去接球时，你是否跟队友保持沟通？
2. 接球时，你是否在身体的正前方接球？

5. 接球比赛

练习内容：接球。
训练目标：1. 接地滚球；2. 投球；3. 接球；4. 团队合作。
活动规则：
• 每队4人，分别为抛球者、游击手、一垒手和计时员。抛球者站在本垒上，游击手站在二、三垒之间，一垒手站在一垒后，旁边放一个篮子或筐；计时员站在球场旁边。
• 抛球者抛地滚球给游击手，游击手接球后把球传给一垒手，一垒手接球后把球放进旁边的篮筐，球进了篮筐，抛球者才能抛下一个球。从抛球者抛第一个球开始计时，最后一个球进筐后结束，每人连续接球3个。
• 轮换角色后继续，使每个人有机会担任每一种角色，即一共进行四次轮换。把四次的时间相加，用时短的队获胜。
场地：
• 一个标准形状的棒球内场或相似球场。可根据队员的年龄和能力调整场地的大小。
器材：
• 3个棒球或网球、一套垒包、一个篮筐、接球手套2个。
安全事项：
1.确保传球的准确性；2. 每一个人都做好准备后再抛球。
换个玩法：
• 通过调整队员的站位、改变传球的距离来调整活动的难度。
• 较高级别的队伍可以传多点球来与较低级别的队伍比赛。
• 可以多加入1名二垒手，游击手接球后传二垒封杀，再把球传一垒。
方法图示：

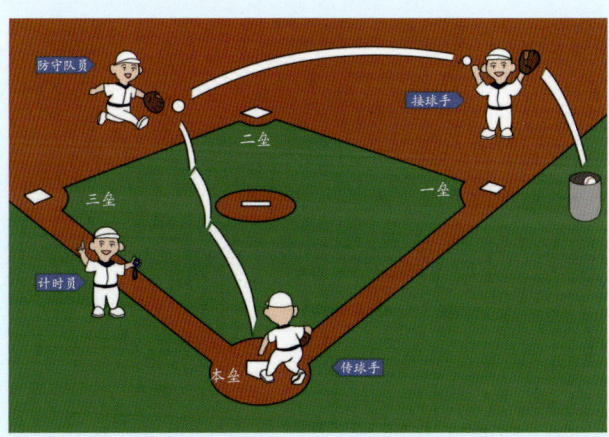

训练要点：
1. 接地滚球时，你是否记得两脚分开身体正对来球？
2. 接平直传球时，你是否在身体的正前方把球接住？
3. 传球时，你是否调整脚步侧身对准目标？

6. 击球比赛

练习内容：击球比赛。
训练目标：1.挥击；2.接地滚球；3.接空中球。
活动规则：
- 8人分成两队，4人一队，一队击球，另一队防守，守队不能站在半程线前。
- 攻队的每个击球员挥击4个T架球，球在空中被接住或成界外球记0分。球落在场内两侧的内场区域得1分，球落在中间的内场区域得2分；球落在外场的两侧区域得2分，球落在外场的中间区域得4分。
- 4人完成击球后，两队交换击球和防守。分数高的一队获胜。

场地：
- 一个标准形状的棒球场，用线或锥筒纵向平均分成左右三个区域。可根据队员的年龄和能力调整场地的大小。连接一垒和三垒的水平线为半程线。

器材：
- 4个棒球或网球、球棒、手套和击球架。用锥筒或石灰划分比赛区域。

安全事项：
- 防守员与击球员需保持一定的安全距离。
- 准备击球员站在正在击球员的侧面，需保持安全距离。

换个玩法：
- 防守员可以站得更远些。
- 可由抛击或投打代替T架击球，由教练抛球或教练充当投手角色。
- 把球击至中间区域可获更多的分数。

方法图示：

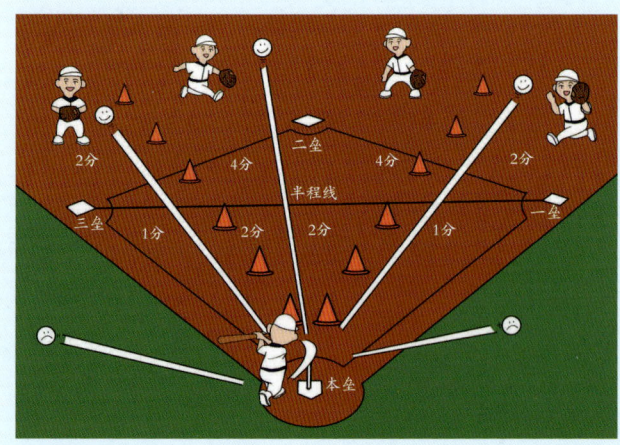

训练要点：
1. 击球前，你是否始终盯着球？
2. 击球时，你是否尽量把球打到中间以获得更高的分数？

7. 安全或出局比赛

练习内容： 安全或出局。
训练目标： 1. 挥击；2. 接地滚球；3. 接空中球；4. 团队合作。
活动规则：
- 每队4人，分别为抛球者，游击手，一垒手和计时员。抛球者站在本垒上，游击手站在二垒，10人分成两队，一队击球，另一队接球。防守员以T-Ball防守位置站立，第5人站在二垒后面。
- 击球员轮流击球，防守员把击出的地滚球接住，然后传给一垒手。一垒手接球后把球放到篮筐里，喊"停！"此时，击球员还没有到达一垒，或球在落地前被接住，击球员出局，不计分。击球员成功到达一垒，或到达一垒后在折返本垒途中，一垒手将球放到筐里，只计1分。击球员成功到达一垒后，等下一名击球员击球后，成功回到本垒，计2分。本人击球后成功到达一垒又折返回到本垒计4分。
- 攻队5人都完成击球2次后，两队攻守交换，分数高的一队获胜。

场地：
- 一个标准形状的棒球内场或相似的场地。在一垒旁的界外地区放一个篮筐。

器材：
- 2个棒球或网球、球棒、手套和击球架。
- 用锥筒或石灰划分比赛区域。1套垒包、1个篮子。

安全事项：
- 防守员与击球员需保持一定的安全距离。
- 准备击球员站在正在击球员的侧面，需保持安全距离。
- 上垒时应该踏触垒包内侧。

换个玩法：
- 可根据队员的年龄和能力调整场地的大小。
- 可由抛击或投打代替T架击球，由教练抛球或教练充当投手角色。

方法图示：

训练要点：
1. 击球时，是否做好了击球的准备动作？
2. 接球前，是否移动了脚步正对来球？接球时，身体是否正对来球？
3. 比赛时，是否与队友进行交流，并告诉他们应该跑回本垒还是留在一垒？

8. 模拟比赛

练习内容：模拟比赛。
训练目标：1. 挥击；2. 接地滚球；3. 接空中球；4. 跑垒；5. 传球；6. 团队合作。
活动规则：
- 8人分成两队，一队进攻，另一队防守。守队3人站在内场垒线以外，1人站在篮筐旁边。每一名攻队队员都需连续快速地从T架上击出界内球3个，然后逆时针跑向本垒。守队防守，需把球放到篮筐里（可把球传给站在篮筐边上的同伴放篮筐里）。界外球不必接。
- 在所有球放回到筐里前，每跑进一个垒就得1分，如果跑回到本垒再额外加3分。
- 攻队4名队员都完成击球，两队攻守交换。分数高的一队获胜。

场地：
- 一个标准形状的棒球内场或相似的场地。在一垒旁的界外地区放一个篮子。

器材：
- 3个棒球或网球、1支球棒、4个手套和1个击球架，用锥筒或石灰划分比赛区域。
- 1套垒包、1个篮子。

安全事项：
- 在给篮子旁同伴传球时，确信他看见你。
- 一垒边上的篮筐与一垒包要有一定的距离，避免与跑垒员发生碰撞。
- 防守员与击球员需保持一定的安全距离。

换个玩法：
- 可根据队员的年龄和能力调整场地的大小。
- 可由抛击或投打代替击球架，由教练抛球。
- 可增加或减少每人的击球数量。

方法图示：

训练要点：
1. 接地滚球时，是否身体正对来球，眼睛看着球进手套？
2. 传球前，是否确信你的同伴在准备接你的传球？
3. 比赛时，是否有意识地避免碰撞？

注：少年棒球练习方法实例来自美国大联盟培训教材。
插图：钟潇霖。